Parents d'ados

De la tolérance nécessaire à la nécessité d'intervenir

La Collection de l'Hôpital Sainte-Justine
pour les parents

Parents d'ados

De la tolérance nécessaire à la nécessité d'intervenir

Céline Boisvert

Éditions de l'Hôpital Sainte-Justine
Centre hospitalier universitaire mère-enfant

Données de catalogage avant publication (Canada)

Boisvert, Céline, 1958 25 avril-

Parents d'ados : de la tolérance nécessaire à la nécessité d'intervenir

(La collection de l'Hôpital Sainte-Justine pour les parents)
Comprend des réf. bibliogr.

ISBN 2-922770-69-9

1. Adolescents - Psychologie. 2. Parents et adolescents. 3. Comportement, Troubles du, chez l'adolescent. 4. Adolescents - Éducation. I. Hôpital Sainte-Justine. II. Titre. III. Collection : Collection de l'Hôpital Sainte-Justine pour les parents.

BF724.B64 2003 155.5'18 C2003-941659-3

llustration de la couverture : Philippe Germain

Infographie : Céline Forget

Diffusion-Distribution au Québec : Prologue inc.
en France : CEDIF (diffusion)-Casteilla (distribution)
en Belgique et au Luxembourg : S.A. Vander
en Suisse : Servidis S.A.

Éditions de l'Hôpital Sainte-Justine (CHU mère-enfant)
3175, chemin de la Côte-Sainte-Catherine
Montréal (Québec) H3T 1C5
Téléphone : (514) 345-4671
Télécopieur : (514) 345-4631
www.hsj.qc.ca/editions

ISBN 2-922770-69-9

Dépôt légal : Bibliothèque nationale du Québec, 2003
Bibliothèque nationale du Canada, 2003

La Collection de l'Hôpital Sainte-Justine pour les parents bénéficie du soutien du Comité de promotion de la santé et de la Fondation de l'Hôpital Sainte-Justine.

À ma mère, qui m'a appris que rien n'est impossible à réaliser dans la vie.

À mon père, chez qui l'humour et la fantaisie ont toujours eu raison des mauvaises blagues de la vie.

Remerciements

Je désire d'abord remercier madame Marie-Claude Béliveau, collègue de travail et auteur, pour sa générosité, sa créativité stimulante et pour cet élan de vie si communicatif qui l'anime.

Merci à toute l'équipe des Éditions de l'Hôpital Sainte-Justine pour son soutien attentif et particulièrement à monsieur Luc Bégin, son directeur, à qui l'on doit la paternité de cette collection destinée aux parents. Sa rigueur, sa patience, son dynamisme et sa qualité d'écoute en font un éditeur d'exception, et en auraient fait aussi un grand clinicien.

Merci aux lecteurs, psychologues et pédopsychiatres, qui ont accompli un remarquable travail de relecture. Leur compétence professionnelle et leur inlassable souci de justesse et de clarté ont rehaussé significativement la qualité de ce texte.

Je remercie aussi tous mes proches qui ont su faire preuve de la « tolérance nécessaire » durant les nombreuses heures que j'ai consacrées à la rédaction de ce livre. Ils ont généreusement accepté que je me soustraie au plaisir de leur compagnie et m'ont assurée de leur appui compréhensif et chaleureux.

Merci finalement à tous ces adolescents que je côtoie, que j'observe et que j'accompagne : leur souffrance m'émeut, leur courage et leur détermination me fascinent et m'inspirent.

Table des matières

Du bon usage des statistiques

Cet ouvrage contient un certain nombre de données statistiques. Celles-ci visent à indiquer des tendances générales touchant l'adolescence. Si votre adolescent ne se situe pas dans la norme, par exemple pour l'âge moyen de la première relation sexuelle, il ne faut pas vous en inquiéter pour autant. Nous cherchons uniquement à suggérer un point de repère quant au phénomène traité. Nous avons choisi les statistiques qui nous paraissaient les plus fiables et les plus pertinentes pour illustrer notre propos.

L'utilisation de statistiques présente toujours une limite intrinsèque. Dans les enquêtes auprès de populations adolescentes, cette limite est très présente en raison du phénomène de la désirabilité sociale. *Il va de soi que les statisticiens en tiennent compte dans l'élaboration de leurs questionnaires, dans l'analyse et l'interprétation des données recueillies. Mais on comprend facilement qu'une question concernant l'âge de la première relation sexuelle puisse amener une réponse biaisée. En effet, les adolescents seront tentés d'y répondre en fonction de ce qu'ils croient être la bonne réponse pour ne pas avoir l'impression d'être en retard par rapport aux autres jeunes. Conscients de la présence et de l'influence de tels biais, il vous faudra nuancer davantage votre interprétation des statistiques, pour vous-même et pour votre adolescent.*

De l'emploi du masculin et du féminin

Dans cet ouvrage, le masculin est généralement utilisé pour désigner les deux sexes, sans discrimination, et dans le seul but d'alléger le texte. Toutefois, lorsqu'il est question de problématiques qui concernent presque uniquement les adolescentes (menstruations, anorexie, etc.), l'usage du féminin a été privilégié.

Introduction

L'adolescence... un mot qui fait frémir d'inquiétude bien des parents !

Anticiper l'adolescence chez son enfant équivaut parfois à une suite de visions plus ou moins cauchemardesques. On s'imagine, à trois heures du matin, devant aller chercher son fils au poste de police, arrêté lors d'une perquisition dans un bar. Il est mineur et on se dit que ce n'est pas possible, qu'il ne prend pas de drogue, sinon on le saurait... Ou encore, on se voit découvrant des condoms dans le coffre à crayons de sa fille de 14 ans ! Et que lui répondre si elle demande l'autorisation que son copain dorme à la maison... avec elle ? Personne ne souhaite être parent d'un adolescent qui s'égare sans que l'on ne sache trop pourquoi, ou qui décide de décrocher de l'école ou pire encore, de commettre un geste suicidaire.

L'adolescence est aussi un moment de vie exaltant en raison des nouvelles capacités qu'acquiert l'adolescent et qui lui offrent des possibilités de découverte, d'accomplissement de soi et d'épanouissement. Il s'agit d'une étape de vie normale et évidemment... incontournable. Bien que des études concluent que la majorité des parents et des adolescents traversent cette étape sans grande difficulté, il demeure qu'être parent d'un adolescent suscite, depuis toujours, des émotions fluctuantes et souvent intenses. Les philosophes grecs relataient déjà le manque de respect des jeunes de leur époque envers leurs aînés. Jean-Jacques Rousseau de même que les écrivains romantiques allemands associaient les plus tragiques moments du destin de l'homme au tumulte intérieur vécu par les jeunes, tiraillés entre leurs propres désirs et les contraintes socio-familiales. Et de nos jours, il est fréquent que des parents se disent impuissants et dépassés par les attitudes, les demandes et les réactions de leurs jeunes.

C'est qu'à l'adolescence, une métamorphose s'opère à un rythme inégal et affecte le corps, la pensée, les relations et l'humeur des jeunes. Leurs comportements, si prévisibles auparavant, deviennent difficiles à saisir, difficiles à gérer et parfois à tolérer ! Comment réagir alors ? Attendre que ça se passe ? Discuter davantage ? Resserrer les limites ? Consulter un spécialiste ? Autant de questions auxquelles tout parent d'adolescent se voit un jour ou l'autre confronté.

Cet ouvrage se veut un guide pour ces parents. Il devrait les aider à documenter les diverses facettes de leurs questionnements. Nous avons voulu jeter un peu de lumière sur la période de l'adolescence et tenter d'en cerner mieux les risques et les enjeux. Bien que chaque situation potentiellement conflictuelle mette en scène un adolescent unique dans un contexte familial unique, quelques constantes se dégagent à partir desquelles nous nous proposons de vous éclairer. Nous n'avons cependant ni de truc facile ni de recette miracle à vous proposer. Prétendre le contraire serait un leurre.

Ainsi, dans un premier chapitre, nous examinons certaines composantes de cette étape de développement, dont le fameux concept de « crise d'adolescence ». Par la suite, nous évoquons, en autant de chapitres, les trois grands champs de transformations qui surviennent à l'adolescence : les transformations du corps, celles des relations interpersonnelles et celles de la pensée. Puis, nous explorons comment toutes ces transformations contribuent à définir une nouvelle identité.

Nous traitons finalement des problèmes de santé mentale les plus fréquents à l'adolescence. À cet égard, nous vous informerons sur les symptômes, leurs conséquences sur le développement des jeunes et sur l'atmosphère familiale, l'éventail des possibilités de traitements et des spécialistes à qui il convient de s'adresser. Nous tentons de dégager pour vous des points de repère afin de départager le comportement normal de celui qui est problématique et le comportement problématique de celui qui est pathologique. Pour ce faire, des rubriques intitulées « Que faire alors ? » de même que de nombreuses vignettes cliniques sont proposées. On y trouve des conseils et des éléments de réflexion.

Éduquer un enfant n'est pas chose facile. Aucun adulte n'y est préparé autrement que par son jugement, son intuition et son propre vécu. Mais il s'agit aussi d'une expérience stimulante et des plus gratifiantes. Accompagner un enfant vers le plein épanouissement de ses potentialités et contribuer ainsi à en faire une personne bien dans sa peau et prête à relever les défis que lui réserve la société est probablement la plus belle tâche qui nous incombe. Mais cela ne va de soi pour aucun parent. Éduquer un enfant, c'est jongler sans cesse pour obtenir le meilleur équilibre possible entre les besoins propres à la personnalité de son enfant et les exigences de la société qui s'expriment d'abord et avant tout au sein de la famille.

Éduquer un enfant, c'est un perpétuel questionnement quant à la meilleure stratégie éducative à adopter. Et tout parent doit apprendre à naviguer entre la tolérance nécessaire et la nécessité d'intervenir.

Chapitre 1

L'adolescence : une étape du développement

L'adolescence est la période de vie située entre l'enfance et l'âge adulte. Elle commence avec le déclenchement de la puberté et se termine plus ou moins précisément avec l'intégration de l'individu dans la société des adultes. Selon l'Organisation mondiale de la santé, « est adolescent tout individu âgé de 10 à 19 ans », cela incluant la période dite prépubertaire qui va de 10 à 13 ans. En Occident toutefois, nous considérons actuellement que cette étape du développement s'étend de l'âge de 13 à 18 ans. Mais il n'en a pas toujours été ainsi, les frontières la délimitant ayant beaucoup fluctué au cours de l'histoire.

Aperçu historique

L'adolescence est en quelque sorte une « invention » du 20e siècle en Occident.

Au 18e siècle, on ne distingue aucunement l'adolescence de l'enfance. Ce n'est qu'à la fin du siècle suivant que la jeunesse devient un thème dominant d'abord en littérature, puis dans les domaines de la morale, de la religion et de l'éducation. C'est ainsi qu'au terme de la Première Guerre mondiale, le concept d'adolescence se précise. Il s'étend alors sur une décennie, entre les âges de 10 et 20 ans, et favorise progressivement le découpage des étapes de la vie en générations, nouvelle caractéristique de notre époque.

Cette réflexion sur la jeunesse survient en parallèle avec un bouleversement majeur dans l'histoire de la société occidentale : l'industrialisation. Ce phénomène révolutionne peu à peu l'organisation du monde du travail. Les emplois se multiplient et se spécialisent. Des connaissances additionnelles deviennent nécessaires pour satisfaire les nouvelles exigences d'emploi. En conséquence, la période des études se prolonge de même que le séjour des jeunes à la maison. On assiste alors à la naissance de la famille moderne, lieu privilégié de la vie privée où se partagent intimité et affection.

L'école s'ajoute donc à la famille en tant qu'instance de socialisation. À l'adolescence, surgit un lieu de socialisation nouveau : le groupe des pairs. Communément appelé *gang**, ce groupe est composé de jeunes du même âge et peut devenir le point central de l'existence de nombreux adolescents. En soi, cela n'a rien de nouveau puisque le phénomène des bandes de jeunes est bien connu depuis le Moyen Âge. Cependant, il singularise tellement le vécu relationnel des jeunes de notre époque – depuis la moitié du 20e siècle – que plusieurs considèrent le phénomène de *gang* comme étant l'expression d'une sous-culture : conscience d'être jeune, sentiment d'appartenir à un groupe lié par des préoccupations et des aspirations communes telles que la tenue vestimentaire, le choix du style de musique, les habitudes de consommation, les lieux de rencontres, etc.

Ce sentiment d'appartenance peut s'exprimer de diverses façons et varier en intensité. Les parents peuvent le percevoir

* Au Québec, le mot *gang* est féminin et se prononce gagne.

comme une menace ou un soutien pour leur enfant. Pour le jeune, ce sentiment tient toujours lieu de point d'appui dans sa quête d'identité et dans le processus nécessaire de distanciation psychologique vis-à-vis de ses parents. En général, le vécu de groupe a ses moments forts au cœur de l'adolescence et s'atténue au fur et à mesure que le jeune se rapproche de l'âge adulte. La fin de l'époque adolescente demeure d'ailleurs un phénomène difficile à circonscrire. La puberté, qui en marque le déclenchement, est un point de repère physiologique bien identifiable. Par contre, il n'y en a pas qui fixe sa fin. Des spécialistes soutiennent que, dans nos sociétés contemporaines, la durée de l'adolescence serait indéterminée vu l'absence de rites d'initiation. Mais la notion d'initiation est toute relative.

Quelques données anthropologiques : les rites d'initiation

Du point de vue de l'anthropologie culturelle, l'expérience adolescente et sa durée sont déterminées par des facteurs sociaux qui régissent le passage de l'enfance à l'état d'adulte. Cette transition sociale est soulignée dans plusieurs sociétés, à toutes les époques, par une série de pratiques dites « rituels d'initiation » ou « rituels de passage ». Ces rites ont pour but d'aider à reconnaître qu'il existe une étape à franchir avant de prétendre posséder les critères psychologiques de la maturité adulte. Ils sont pratiqués au début de l'adolescence, en concomitance avec l'émergence pubertaire, ou un peu plus tard, lorsque les jeunes approchent de l'âge adulte.

Des sociétés dites primitives maintiennent encore aujourd'hui dans leurs traditions un cérémonial initiatique qui peut paraître souvent étrange à nos yeux d'Occidentaux. Variant d'un peuple à l'autre, les rituels d'initiation comportent généralement les éléments suivants : un éloignement du milieu familial, une expérience vécue et partagée avec le groupe des pairs (puisque les rituels se pratiquent d'habitude en groupe), et une ou des épreuves à caractère énigmatique ou estimées dangereuses. Par exemple, l'initié peut devoir résoudre une charade complexe faisant appel à ses capacités cognitives nouvelles, affronter un danger extérieur, réaliser une performance physique ou subir une intervention sur son corps. Cette dernière épreuve vise à mettre en évidence de façon réelle ou symbolique les changements physiologiques récents que vit l'adolescent. L'épreuve a donc le plus souvent un caractère sexuel : circoncision chez les garçons, excision chez les filles, scarifications, etc.

Notre propos n'est pas de discuter du bien-fondé ou de la morale de ces pratiques initiatiques. Nous ne pouvons cependant passer sous silence l'existence de ces rites et leur riche portée symbolique. Ils célèbrent tous l'adolescence, l'entrée dans le monde des adultes, et signifient que le jeune s'inscrit dans une histoire familiale et collective qui dépasse l'individualité.

Les épreuves initiatiques du célèbre Harry Potter

Les amateurs des aventures de Harry Potter* remarqueront que c'est à l'âge de 14 ans que Harry doit accomplir une série d'épreuves et se mesurer à d'autres jeunes. Il est soutenu en cela par son groupe de pairs, les étudiants de la Maison Gryffondor. Il vit au pensionnat, loin du milieu familial pour l'année scolaire, et il doit affronter des dangers multiples : elfes, dragons et autres créatures maléfiques. Ces tâches, dont la nécessité de se soumettre à certaines transformations

---

*Nous nous référons ici au 4e tome des célèbres romans d'aventures de Harry Potter, écrits par la romancière anglaise Rowling, J.K. *Harry Potter et la coupe de feu.* Paris : Éditions Gallimard, 2001.

corporelles, ont une parenté lointaine mais certaine avec le contexte des transformations sexuelles pubertaires. Les forces de l'esprit sont aussi mises à contribution sous forme d'épreuves de devinettes et de résolutions d'énigmes, en faisant appel aux nouvelles capacités de réflexion propres à la pensée adolescente.

De plus, c'est dans ce roman que Harry ressent les premières manifestations physiologiques qui accompagnent le désir et l'émoi amoureux envers Chô, une amie étudiante. L'histoire se termine bien : Harry est proclamé vainqueur des épreuves pour lesquelles il est en compétition et acclamé par ses pairs et par la société qu'il fréquente en tant que héros. Il ressort de ces épreuves grandi, enrichi et donc plus mature. Isabelle Smadja*, philosophe française qui vient de publier un ouvrage sur le succès des aventures de Harry Potter, soutient que les épreuves que traverse Harry dans ce roman peuvent être lues « comme les épreuves initiatiques nécessaires pour atteindre l'âge adulte » et qu'il « ne devra qu'à lui-même son passage à l'âge adulte ». Harry réussit donc son entrée dans un monde plus nuancé et soumis à de nouvelles exigences qui viennent lui signifier qu'il doit renoncer au monde de l'enfance : Harry est devenu adolescent.

Les rites initiatiques des adolescents d'aujourd'hui

Les aventures de Harry Potter se déroulent au 21e siècle. Toutefois, les épreuves à caractère initiatique auxquelles il est soumis ont une saveur toute primitive qui n'est probablement pas étrangère au succès de l'œuvre. Mais trêve de fiction, qu'en est-il des rituels de passage de nos adolescents d'aujourd'hui ?

---

* SMADJA, Isabelle. *Harry Potter, les raisons d'un succès*. Paris : P.U.F., 2001. p. 7 et 10.

Plusieurs spécialistes intéressés par ces questions – ethnologues, anthropologues, psychologues – dénoncent la quasi-absence de tels rituels dans la culture occidentale. Quelques événements seulement revêtent les caractéristiques de cérémonies initiatiques : des fêtes religieuses qui se déroulent à l'adolescence comme la communion solennelle chez les chrétiens et la Barh-miza chez les juifs, ou encore le passage de l'école primaire à l'école secondaire.

Du point de vue des adolescents eux-mêmes, la première relation sexuelle ou la première beuverie peut tenir lieu de rituel d'initiation. Il peut s'agir aussi de militantisme dans des mouvements de jeunesse, axé par exemple sur l'idée de sauver la planète, de s'opposer à la mondialisation ou aux aliments génétiquement modifiés. Chez d'autres, et ce phénomène est relativement récent chez nous, le tatouage ou le *body piercing* sont privilégiés en guise de transformations initiatiques. Ces pratiques visent à mettre en valeur l'individu en devenir, qui cherche à se voir et à se faire voir autrement, ainsi qu'à affirmer son individualité. Ces quelques exemples renvoient à des initiatives qui viennent des jeunes eux-mêmes. Ces activités ne sont cependant ni organisées ni reconnues par le groupe des aînés, contrairement à ce qui se passe dans les sociétés primitives. Elles ne portent pas non plus leur aura de mystère et de grand mérite personnel. Les adultes les considèrent le plus souvent comme futiles et même immorales ou irresponsables.

Par ailleurs, certains auteurs soutiennent que la *crise d'adolescence* tiendrait lieu de rituel initiatique dans nos sociétés occidentales. (Cette *crise*, ce sont les parents et non les jeunes qui la nomment ainsi !) Elle peut symboliser une étape à traverser, une situation que l'adolescent doit affronter et résoudre, comme d'autres affrontent un animal sauvage dangereux. Il mérite ainsi son droit de passage au monde des adultes tout en se préparant à surmonter les épreuves qui ponctueront le cours de sa vie.

La crise d'adolescence

Le concept de *crise d'adolescence*, si répandu dans le langage populaire, revêt plusieurs sens : perturbation passagère du comportement, malaise intérieur, conflit avec les parents. D'aucuns vont jusqu'à associer d'emblée les mots *adolescence* et *crise*. Attention, l'adolescence n'est tout de même pas une maladie ! Tout au plus, elle complique temporairement, parfois plus longtemps, le vécu quotidien de l'adolescent.

Qu'entend-on au juste par *crise d'adolescence* ?

Le concept de *crise* renvoie à l'idée d'un changement brusque et involontaire entraînant des modifications sensibles dans les comportements, les modes de pensée, les relations et les émotions de votre adolescent. Par moments, celui-ci se sent mal dans sa peau sans pouvoir vous expliquer ce qui lui arrive. Il éprouve un malaise presque impossible à nommer et son humeur fluctuante en est un indice quasi infaillible ! Pourquoi en est-il ainsi ? Parce que votre jeune ressent plus ou moins consciemment une pression intérieure qui le pousse vers des tâches nouvelles. Mais ces tâches, il les appréhende car il ne les maîtrise pas encore. Et cela le rend anxieux. Ces tâches nouvelles sont diverses. Il peut s'agir, par exemple, de l'éveil à la sexualité et, plus précisément de la pression plus ou moins explicite de la *gang* pour qu'il ait enfin sa première relation sexuelle. Cela peut être aussi la nécessité non seulement de se distancier de ses parents, mais aussi de ses frères et sœurs plus jeunes qui exercent une attraction régressive plutôt qu'une incitation à aller droit devant. Ou votre adolescent peut se croire obligé de faire rapidement un choix de carrière, d'émettre des opinions politiques, musicales ou autres, qui peuvent le placer assez souvent en position de conflit par rapport à vos valeurs.

Les théories psychanalytiques ont décrit l'adolescence comme étant une période d'inadaptations transitoires, indispensables au développement. Ces cliniciens soutiennent que les parents de l'enfant qui ne manifeste pas de tension ou d'instabilité psychologique à l'adolescence devraient non seulement se questionner mais s'inquiéter quant à son équilibre émotif futur. On a tous entendu dire qu'il vaut mieux traverser sa *crise d'adolescence* à 15 ans plutôt qu'à 35 ou à 50 ans…

Rassurez-vous toutefois : plusieurs recherches ont démontré que la majorité des adolescents n'ont que rarement des conflits ouverts et à long terme avec leurs parents. Tous ne vivent pas ce moment comme étant difficile et déstabilisant. Chez certains jeunes, on ne remarque que de légères nuances dans leur humeur et leurs propos. Mais même légères, elles n'en sont pas moins révélatrices des transformations qui s'opèrent en eux.

Inévitables, les conflits entre générations

Les conflits entre générations sont inévitables. Ils sont de nature éducative, morale ou idéologique ou bien liés aux aspects pratiques de la vie quotidienne. Depuis quelques décennies, l'accélération des progrès technologiques contribue entre autres à augmenter l'inconfort entre les générations. Combien d'entre vous s'en remettent à leurs adolescents pour programmer le magnétoscope, utiliser les fonctions auxiliaires du téléviseur ou même les fonctions de base de l'ordinateur ? Et que dire de l'accessibilité aux possibilités contraceptives ? Elle peut susciter à la fois inquiétude et envie chez les parents, considérant ce qui leur était offert au moment de leur propre adolescence.

Cependant, la plupart des adolescents préfèrent éviter les sources possibles de tension, les explications longues et orageuses. Ils cherchent plutôt à dissimuler leurs questionnements, leurs problèmes et leurs incartades. Les parents n'en sont pas dupes, évidemment ! Vous êtes nombreux à préférer une bonne discussion à la tension palpable et quelquefois insoutenable que génère l'humeur instable de votre adolescent. Sans compter que son intolérance et son irritabilité ont souvent un impact direct sur l'ensemble de la vie familiale. Ainsi la *crise d'adolescence* devient par moments aussi éprouvante pour le reste de la famille, sauf peut-être pour les frères et sœurs aînés qui sont récemment passés par là et qui de loin vaquent à leurs propres occupations.

Que faire alors ?

Face à cette *crise d'adolescence*, certains parents se sentent eux-mêmes déstabilisés et contraints d'inventer une nouvelle façon d'être en relation avec leur ado. Dans cette entreprise, ce dernier montre rarement sa volonté de collaborer ! Il vous laisse plutôt patauger dans vos incertitudes et explications et est avare de compliments quant à vos multiples efforts pour améliorer la situation. Vous aurez beau tenter d'initier un nouveau ton dans vos échanges, assouplir les restrictions de sortie et même vous abstenir de tout commentaire sur une tenue vestimentaire qui a particulièrement le don de vous mettre hors de vous, rien n'y fera. Et que proposera votre ado pour aider à améliorer les choses? Il répondra probablement que ce qui vous agite ou vous inquiète, c'est « votre » problème.

Cette réponse améliore rarement la situation. Elle a même plutôt tendance à faire monter la tension entre vous. Mais votre ado pourrait, en partie, avoir raison. Peut-être que vos inquiétudes sont exagérées ? Votre jeune doit passer par cette étape de développement qui le met à cran et il a besoin qu'on lui reconnaisse le droit de vivre ses humeurs et ses propres inquiétudes sans que ses parents s'en mêlent nécessairement, même si c'est avec la meilleure intention du monde. Il peut s'observer, se pencher sur lui-même, se ressaisir et passer à autre chose. Les premières sautes d'humeur surprennent toujours, comme la première fois qu'il vous envoie valser. Tous les parents vivent ces moments difficilement, à des degrés divers. Vous en êtes blessé ou vous vous sentez frustré à votre tour : « Mais quel culot, me parler de cette manière ! »... Bien sûr, vous êtes en droit d'attendre un minimum de respect de la part de votre adolescent et vous devez le réclamer. Mais vous ne pourrez pas faire l'économie d'une certaine remise en question. Qui sait, celle-ci pourrait vous être bénéfique même si vous vous en seriez passé volontiers ! C'est lui qui impose son tempo et chaque membre de la maisonnée aura à changer de rythme et de ton avec lui. Ce jeune en mutation exige plus ou moins consciemment qu'on le considère et qu'on le traite différemment. C'est à ce prix qu'il gagnera en autonomie et éventuellement en sagesse !

C'est donc le moment où jamais de profiter de votre expérience passée, de vous remémorer votre propre adolescence : votre intolérance, votre embarras à réagir ou votre trop prompte tendance à le faire. Vous en souriez maintenant, mais dites-vous bien qu'à l'époque, vos parents étaient dans la même situation vis-à-vis de vous. Et ce ne sera d'aucun secours que de vous dire qu'à ce moment-là, les choses étaient plus faciles, que la société était moins violente, que vous étiez plus actif ou moins impertinent. Mais reconnaissons que ce coup d'œil en arrière pourra vous rendre plus compréhensif et plus tolérant... pour quelques heures à tout le moins.

Votre ado... écho de votre adolescence

La secousse qui ébranle vos rapports avec votre adolescent varie en fonction de plusieurs facteurs : d'abord la personnalité de votre jeune, la qualité de son vécu d'enfant avec vous et des changements dans son entourage familial et social, indépendants de sa volonté – et souvent de la vôtre –, qui particularisent son entrée dans l'adolescence. Il peut s'agir d'un déménagement, d'un sentiment de rejet parmi la *gang*, de la séparation de ses parents, de la maladie ou du décès d'une personne importante pour lui.

Cette secousse émane aussi de vous-même, de votre propre réaction face à ce que signifie désormais pour vous le fait que votre enfant devient plus autonome, plus indépendant d'esprit et capable de procréer. Chaque parent est alors renvoyé plus clairement que jamais, et plus tôt qu'il ne l'imaginait, à ses propres questions et inquiétudes concernant la perte prochaine et définitive de son pouvoir de procréation (pour la mère surtout) ainsi que la perspective de son propre vieillissement et de sa mort. Ces réflexions sont toujours très chargées sur le plan émotif pour chacun d'entre nous et, ce faisant, elles suscitent un stress certain et une légère réaction de deuil. Cet état d'esprit colore inévitablement votre humeur, votre pensée, votre qualité d'écoute et de disponibilité. Vous et votre ado êtes donc tous deux en même temps en situation d'instabilité, et il est tout à fait raisonnable de penser que cela affectera vos échanges.

Par ailleurs, votre propre vécu d'enfant et d'adolescent, la qualité des liens qui vous ont uni à vos parents et ce qui en reste à l'intérieur de vous au plan affectif sont indéniablement des facteurs de premier plan pour réussir à accompagner votre ado et à traverser avec lui ce moment dit de *crise*. Votre expérience résonnera d'un écho plus ou moins douloureux selon la manière dont vous avez vécu et résolu cette crise pour vous-même. On se jure tous de ne pas reproduire les erreurs commises par ses propres parents. Vous y mettez donc beaucoup d'efforts et vous en retirez des gratifications. Mais vous savez aussi que le parent irréprochable, idéal, n'existe pas. Heureusement pour vos enfants d'ailleurs, car cela leur imposerait une pression épouvantable : celle d'être des adolescents idéals à leur tour !

François Dumesnil, psychologue dont la pensée novatrice est remarquable, soutient que l'on naît homme ou femme, donc naturellement conçu pour être père ou mère, mais que l'on devient parents. « Si chacun peut prétendre avoir dès sa naissance ce qu'il faut pour contribuer à mettre au monde un enfant, l'aptitude à favoriser son développement de façon optimale n'est pas, elle, génétiquement déterminée*. » Pour plusieurs d'entre vous, c'est à l'adolescence de votre enfant que cette affirmation prendra tout son sens. Jamais auparavant certains parents n'auront eu à faire face à une telle anxiété quant à l'évolution de leur enfant, quant à son devenir d'adulte.

Les ados n'empruntent pas tous cette pente glissante. Plusieurs voguent en eaux relativement calmes, et leurs parents aussi. Mais si la tempête se lève ou si les vents tombent et que l'immobilisme s'installe, vous vous inquiétez : que deviendra-t-il s'il continue sur cette voie? S'il ne fait que s'intéresser à cette musique infernale? S'il abandonne l'école ou s'il maintient telle nouvelle attitude, moralement inacceptable ? Comment l'aider à s'orienter, à sortir de son impasse ? Jusqu'où faire preuve de tolérance ? À quel moment intervenir et dans quel sens ? C'est à cette réflexion que les prochains chapitres vous convient.

---

* DUMESNIL, François. *Parent responsable, enfant équilibré.* Montréal : Éditions de l'Homme, 1998. p. 11.

CHAPITRE 2

LES TRANSFORMATIONS DU CORPS

La puberté est un phénomène physiologique qui marque l'entrée dans l'adolescence. Certains la définissent comme étant l'ensemble des phénomènes de maturation, tant physiques que psychiques, qui conduisent l'enfant à l'âge adulte. Elle entraîne une série d'importantes transformations du corps qui s'opèrent à un rythme accéléré. En moyenne, le phénomène pubertaire s'étend sur une période de cinq à six ans, la cadence variant beaucoup d'un individu à l'autre. C'est durant cette période que votre enfant développe ses caractéristiques sexuelles définitives.

Les étapes de la maturation pubertaire, si elles sont influencées par certains facteurs environnementaux tels que l'alimentation et les conditions climatiques, se déroulent dans l'ensemble de façon identique partout. C'est l'horloge biologique de chaque individu qui en déclenche le processus, horloge préprogrammée en quelque sorte par son héritage génétique.

L'adolescent est bien sûr conscient des transformations que son corps lui impose. Qu'il s'agisse de sa taille ou de son poids, de sa peau ou de ses organes reproducteurs, il doit intégrer une image corporelle en constante métamorphose. Ce déséquilibre momentané peut s'opérer tout en douceur chez certains, alors qu'il peut être source de confusion et de stress chez d'autres. L'adolescent se demande ce qu'il advient de son corps d'enfant et quelle sera l'allure finale de son corps d'adulte. Mais pour plusieurs, il s'agit d'une aventure attendue, excitante et source de fierté.

Nous n'aborderons pas dans le détail chacune des modifications corporelles survenant à l'adolescence. Ayant traversé vous-mêmes cette étape de vie, vous en avez déjà une bonne idée. Si certaines questions de nature physiologique persistent, il serait pertinent de les approfondir en vous référant aux ouvrages spécialisés disponibles.

Notre réflexion se concentrera sur les dimensions psychologique et émotionnelle qui accompagnent les changements physiologiques et qui mènent à l'intégration d'une nouvelle image du corps. Puis nous nous attarderons sur les aléas de l'émergence de la sexualité : que vous le souhaitiez ou non, votre adolescent envisage désormais de mettre en pratique cette fonction nouvellement opérante.

Première partie

Les transformations du corps et leurs implications psychologiques

Aviez-vous remarqué que les mots hormone et humeur ont une certaine parenté linguistique ? Rien de surprenant alors à ce que le déclenchement de l'activité hormonale pubertaire entraîne des modifications parfois étonnantes dans l'humeur de votre adolescent. Et c'est sans compter le stress qu'il subit du fait d'apprendre à vivre avec ce nouveau corps qui n'en finit plus de se transformer. Prêt ou pas, il est contraint de s'y ajuster !

Augmentation de la taille

L'augmentation soudaine de la taille survient au début de la puberté. Elle atteint un sommet à l'âge de 14-15 ans chez les garçons et plus précocement chez les filles, autour de l'âge de 12-13 ans. Chez ces dernières, il s'agit souvent du premier signe de croissance pubertaire. Chez les garçons, cette étape suit ou vient en même temps que l'apparition de la pilosité pubienne. Il faut savoir que certains adolescents peuvent grandir de plusieurs centimètres par mois ! Par la suite, ils continuent de croître mais à un rythme beaucoup plus lent. Les diverses parties du corps ne se développent pas toutes à la même cadence, si bien que nombreux sont les jeunes qui présentent une silhouette disproportionnée pendant quelques mois.

Votre adolescent peut soudainement devenir maladroit, trébucher, s'emmêler dans ses pieds, se heurter un peu partout, et même parfois renverser des objets sur son passage. Sa coordination est affectée : il a de la difficulté à évoluer harmonieusement parce qu'il est à réajuster ses points de repère. Il vous exaspère avec son allure déglinguée et sa gaucherie. Vous vous surprenez à multiplier les remontrances sur ses maladresses ou à surveiller sans cesse bibelots et mobilier.

Si votre commentaire sur sa taille est plus empreint de fierté que de critique, votre enfant appréciera vos remarques. Plusieurs parents éprouvent une ambivalence bien légitime à voir grandir leur progéniture : vous aussi devrez faire le deuil de son corps d'enfant. Vous savez que, tôt ou tard, il ne viendra plus se lover dans vos bras comme avant. Votre affection mutuelle ne diminuera pas pour autant, mais vous entrevoyez à raison qu'elle s'exprimera différemment sous peu.

Quoi qu'il en soit, votre enfant peut se retrouver dans une situation inconfortable : gauche, il en éprouve un certain embarras et cela peut devenir à la limite problématique s'il en vient à souhaiter ne plus vouloir grandir. Par exemple, des adolescents peuvent être portés à se courber en permanence pour se donner l'impression d'être moins grands ou moins visibles. Des filles cherchent à arrondir le dos ou jouent bizarrement de leurs bras devant leur poitrine. Elles croient ainsi dissimuler leurs seins qui révèlent, trop précocement pour certaines, leur féminité naissante. Le refus de grandir peut résulter des moqueries de l'entourage. Vous devez chercher à en identifier l'origine et, si possible, à les faire cesser. Ces moqueries relèvent rarement d'une intention profondément méchante. Mais pour l'adolescent qui se sent devenir géant ou enlaidi aux yeux des autres, elles peuvent tout de même prendre des proportions démesurées. Il doit bien sûr apprendre à ne pas s'offusquer du moindre commentaire à son endroit, mais à cet âge plus que jamais, le regard critique de l'autre sur son corps peut le blesser profondément et pour longtemps. Certains développeront le sentiment de n'être jamais convenables, d'avoir un corps qui laisse toujours à désirer dans le regard d'autrui.

À l'inverse, certains adolescents qui tardent à grandir se sentent en retard par rapport à leurs amis du même âge. D'autres en viennent à se considérer insuffisamment masculins et virils ou insuffisamment féminines et attrayantes parce que les premières manifestations pubères tardent à venir ou parce qu'ils craignent de rester petits et de ne pas atteindre la silhouette désirée.

Que faire alors ?

Face à l'augmentation de la taille de votre ado, une écoute délicate et attentive vous guidera vers la meilleure attitude à adopter comme parent. La première attitude est peut-être de laisser aller doucement les choses, pour un temps. Si votre intuition parentale vous donne à penser qu'un inconfort persiste, que ce soit parce que votre enfant se distingue véritablement des autres du point de vue de la taille ou que ce soit en raison de sa propre subjectivité et d'un excès d'exigence envers lui-même, vous pouvez intervenir. La règle première de l'intervention dans ce cas-ci, de même que dans bon nombre de situations de vie avec votre adolescent, c'est de procéder seul à seul avec lui.

Les deux parents peuvent décider de lui parler ensemble. Toutefois, lorsqu'il s'agit de questions concernant le corps, on a tous tendance à réagir de manière très sensible et le risque de blesser l'amour-propre de l'adolescent est à considérer. Un contexte d'intimité est souvent préférable : un échange à deux qui survient inopinément parce que vous avez eu la bonne idée d'interpeller innocemment votre ado lors d'une activité routinière commune (par exemple, en desservant la table, en roulant en voiture, etc.). Il s'agit de tendre une perche et de voir comment votre enfant réagit. Il ne faut pas vous attendre nécessairement à une discussion en profondeur sur-le-champ. Mais il est quand même possible que votre ado estime le moment propice aux confidences et qu'il saisisse l'occasion. Il est bon de se rappeler que les filles se confient davantage que les garçons et c'est encore plus vrai lorsqu'il est question de situations intimes comme la transformation de leur propre corps. Il ne faut donc pas s'offusquer de la brièveté des échanges avec les garçons.

Par ailleurs, on a tendance à penser que les jeunes sont plus à l'aise avec le parent du même sexe pour aborder pareil sujet, surtout lorsqu'il s'agit des transformations des organes sexuels. Ce n'est pas une règle absolue. Des relations père-fille et mère-fils se sont tissées dans un climat de confiance mutuelle et d'échange au fil des ans et elles peuvent se révéler tout aussi soutenantes. Il vous faut aussi envisager la possibilité que votre invitation au dialogue, si délicate et subtile soit-elle, puisse être rejetée et demeurer sans appel. Pour les enfants qui ont toujours été mal à l'aise de discuter avec l'un ou l'autre parent, il y a peu de chances, en général, que la situation s'améliore à l'adolescence. Il se peut aussi que vous ayez toujours entretenu une belle qualité d'échange et que tout à coup, votre enfant vous signifie qu'il n'en va plus ainsi. Ne désespérez pas : ce n'est pas perdu pour la vie ! La pression de s'individualiser et de vouloir devenir plus autonome peut expliquer ce revirement temporaire de comportement.

Si votre inquiétude persiste et que vous estimez toujours qu'un adulte devrait s'entretenir avec votre enfant, vous pouvez chercher quelqu'un dans votre entourage (ami, frère, grand-parent, etc.) qui, parce qu'il entretient une relation significative avec votre enfant, se fera un plaisir de parler avec lui du sujet qui le préoccupe. Il ne s'agit pas de déléguer votre responsabilité parentale à tout jamais ou de vous désister. En fait, vous choisissez une autre voie pour rejoindre votre adolescent et son problème. S'il en éprouve le besoin ou le goût, votre enfant n'hésitera pas à s'adresser à vous par la suite.

Grandir peut donc se révéler problématique chez quelques adolescents qui présentent des singularités passagères quant à leur taille. Une consultation auprès de votre médecin de famille peut alors être indiquée. Cependant, ce phénomène ne dégénère que rarement en préoccupations pathologiques, contrairement aux inquiétudes qu'entretiennent certains jeunes quant à leur poids.

Gain de poids

Un autre signe annonce l'entrée dans l'adolescence : le gain de poids. Le développement des tissus adipeux et musculaires y contribue pour beaucoup. Après la poussée de la taille, la croissance musculaire s'effectue assez rapidement. Chez les garçons, elle progresse plus nettement que chez les filles, augmentant de façon notable leur force musculaire. Quant au développement des tissus adipeux, il est plus irrégulier. Contrairement aux garçons, les filles ne perdent pas toutes les graisses accumulées à la pré-adolescence. Ce poids supplémentaire se répartit aisément si leur régime alimentaire est équilibré et si elles s'adonnent à des activités physiques (sports, danse, etc.).

Ainsi, chez les deux sexes, la silhouette se transforme. Les visages se modifient aussi en prenant de l'ampleur. Le nez gagne en volume et les proportions des autres composantes changent, parfois de manière non harmonieuse pour un temps.

La sensibilité au gain de poids : les filles !

Dans notre société occidentale, la minceur est indissociable des critères actuels de beauté. Et ce sont les filles qui ont tendance à s'inquiéter davantage lorsqu'elles prennent du poids. Des modèles de jeunes femmes idéales foisonnent dans les magazines, les pubs, les films, les vidéo-clips, autant de sources d'information dont raffolent les adolescentes. Elles sont exposées à des images de femmes affichant des physiques aux courbes de rêve mais dont le poids est généralement sous le poids santé, et de beaucoup. Nos adolescentes se moquent bien que les photos puissent être retouchées, truquées : elles veulent en grande partie ressembler à ces mannequins.

Il ne faut pas oublier que la gent masculine est soumise aux mêmes images et que les garçons peuvent entretenir des attentes en ce sens quant au physique de la copine idéale. De là à ce que les jeunes filles développent une obsession de la minceur, il n'y a qu'un pas. Et cette obsession peut les conduire à l'anorexie. Nous en traiterons de manière plus approfondie dans le dernier chapitre, celui portant sur la santé mentale. Sachez cependant que les comportements menant à la conduite anorexique sont considérés comme étant surdéterminés. Cela veut dire qu'ils sont non seulement attribuables à l'obsession de la minceur, mais à plusieurs autres facteurs psychologiques d'origines diverses qui se rencontrent et s'additionnent, créant ainsi une véritable impasse psychologique.

Santé et gain de poids

La minceur peut être aussi le signe d'un régime de vie équilibré. Depuis quelques années, les sciences médicales multiplient les mises en garde contre l'excès de poids chez les enfants et les adolescents : problèmes d'hypertension, d'hypercholestérolémie, troubles cardio-vasculaires. L'obésité peut constituer un problème majeur à l'adolescence ; il est bien entendu que le métabolisme de chaque individu peut être un facteur prédisposant.

Des statistiques publiées par l'Institut national de la nutrition du Canada sont révélatrices : 25 % des enfants canadiens présentent un excès de poids. Aux États-Unis, la donnée est comparable. Les Américains offrent désormais des camps d'été spécialisés pour enfants et adolescents obèses. On les y invite à s'activer physiquement et à se nourrir autrement. Car les experts s'entendent pour dire que le problème est dû à la baisse de l'activité physique. Selon Statistique Canada, 70 % des jeunes Québécois ne satisfont pas les critères minimaux d'une heure par jour d'activité physique. De plus, leur consommation en calories est supérieure à ce qui est dépensé physiquement. La baisse de l'activité physique ne s'explique pas par le fait que les jeunes d'aujourd'hui soient plus paresseux que ceux d'antan ! Ils passent des heures à des loisirs nouveaux qui stimulent leur intérêt et drainent leur énergie. Mais ce sont des loisirs passifs : jeux vidéo, ordinateur et télévision. La jeunesse québécoise passe environ 19 heures par semaine devant un écran. Ajoutons à cette sédentarité croissante un accès de plus en plus facile aux distributrices et aux chaînes de restauration rapide, le royaume de la « malbouffe ». Il faut aussi reconnaître que les deux parents travaillant généralement à l'extérieur du foyer, il est raisonnable de penser qu'on consacre moins de temps à cuisiner. On achète des plats préparés dont la valeur nutritive et la quantité de calories ne sont pas les mêmes que les plats maison.

L'impact psychologique d'un excès de poids à l'adolescence

L'atteinte à l'estime de soi, le sentiment de n'être pas attrayant, le fait de subir les railleries ou, pire, le rejet des amis, sont les conséquences psychologiques les plus courantes et les plus souffrantes pour un adolescent qui a un excès de poids. Certains s'engagent dès lors dans un cercle vicieux : se retrouvant isolés et ne s'aimant pas, ils mangent pour oublier leurs malheurs et chasser leur tension intérieure. Pour d'autres, se maintenir grassouillet est associé à l'idée de rester jeune. Cela traduit alors toute l'anxiété de voir se développer un corps sexué, ce qui implique des changements de rôles et de comportements pour lesquels ces jeunes ne sont pas encore prêts.

? Que faire alors ?

Un ensemble de facteurs favorise une prise de poids chez les adolescents, et cette augmentation n'est évidemment pas attribuable au seul déclenchement de la puberté. Les diététistes soulignent qu'un jeune présentant un excès de poids a rarement des parents très minces. Le problème est donc souvent familial et les solutions peuvent être envisagées et appliquées en famille. On pense notamment à une augmentation de l'activité physique ou à une façon différente de s'alimenter. Vous devez insister sur la nécessité de bien se nourrir pour se construire une meilleure santé et un bon avenir. On sait toutefois que l'objectif d'améliorer sa santé mobilise davantage l'adulte vieillissant qui s'inquiète des maladies potentielles que le jeune qui a l'impression que seuls les gens âgés sont malades.

De nombreux adolescents sont attirés par les régimes amaigrissants. Il est préférable que ces régimes soient suivis sous l'œil exercé du pédiatre ou d'une diététicienne puisque, en général, ces experts ne recommandent pas de restrictions alimentaires très strictes. Considérant que les adolescents sont encore en période de croissance, ils favorisent plutôt une rééducation progressive de la manière de s'alimenter. Cette tâche incombe également aux parents qui doivent prêcher par l'exemple. Il est déconseillé – et de toute manière impossible – de surveiller constamment ce que consomme votre adolescent. Lui recommander de diminuer les portions est souvent plus profitable que de chercher à lui interdire fermement de manger de la « malbouffe ». Il faut reconnaître que, pour de nombreux parents, il n'est pas facile d'imposer des restrictions alimentaires à son enfant. Non seulement parce que l'ado peut refuser de suivre une diète, mais parce que le lien premier à son enfant est un lien nourricier et qu'il définit quelque chose de fondamental dans la relation parent-enfant. C'est pourquoi la supervision d'un professionnel dans la mise en place et l'application d'un régime alimentaire peut s'avérer tout aussi bénéfique pour l'adolescent que pour ses parents.

Les psychothérapies classiques ne constituent pas les meilleures solutions pour aider les jeunes qui ont un excès de poids. Qu'on le veuille ou non, la solution se trouve d'abord et avant tout dans la perte de poids : elle incite à s'apprécier davantage et facilite l'acceptation par les pairs. Certains préfèrent aider leurs enfants à s'accepter tels qu'ils sont, plutôt que de leur suggérer de maigrir. C'est là une idée d'adulte, car à l'adolescence, les critères du groupe et le regard des autres sur le corps sont vécus pratiquement comme l'essentiel des préoccupations quotidiennes. Non seulement aucun adolescent ne se laissera convaincre du bien-fondé d'un excès de poids, mais vous ne les aiderez pas. Ils continueront d'être mal à l'aise dans leur peau ou feindront de s'accepter pour acheter la paix.

Vous pouvez consulter divers professionnels pour évaluer et guider votre enfant vers la meilleure solution pour perdre progressivement du poids : médecin de famille, pédiatre, infirmière de l'école ou du centre local de santé*, diététicienne spécialisée en nutrition des adolescents. Une approche réaliste, applicable jour après jour, est à privilégier et offre généralement les meilleures chances de succès.

Modifications de la peau

Au moment où surviennent les changements de taille et de poids, la peau des adolescents subit également des modifications significatives. Il s'agit principalement de la transpiration, de l'activation des glandes sébacées pouvant amener la formation d'acné et du développement de la pilosité.

* Au Québec, centres connus sous le nom de CLSC.

La transpiration

Avec l'avènement de la puberté, les jeunes adolescents constatent – leur entourage les précède parfois ! – qu'ils suent davantage et que cela dégage une odeur nouvelle et distincte. Transpirer ne survient plus uniquement lorsqu'il fait chaud ou à la suite d'un effort physique: la transpiration accompagne le stress et les émois associés à l'adolescence.

? Que faire alors ?

En ce qui a trait à la transpiration, il faut bien sûr conseiller aux jeunes de se laver plus souvent ou plus énergiquement. C'est délicat à dire, mais il est tout de même préférable que l'adolescent reçoive ce conseil de ses parents ou de sa fratrie plutôt que de ses pairs. Ces derniers peuvent s'en amuser et créer chez votre enfant une gêne pouvant mener, même si ce n'est que temporaire, à un sentiment de honte ou d'humiliation.

Soulignons que bien des adolescents, des garçons surtout, passent par une période où ils rouspètent beaucoup lorsque vient le temps de se laver. Ils trouvent qu'il s'agit d'une perte de temps ou ils n'en voient tout simplement pas la nécessité. Il convient d'insister auprès d'eux afin qu'ils s'exécutent. Ce comportement préoccupe bien des parents. Il peut tenir plusieurs mois mais se résorbe généralement à la faveur des premières rencontres galantes, au plus tard à la mi-adolescence.

Les glandes sébacées

Les glandes sébacées, dont la fonction est de lubrifier l'épiderme, s'activent sous la poussée hormonale pubertaire. Lorsque la production de sébum devient trop abondante, une série de réactions cutanées mènent à la formation d'acné.

Chez presque tous les adolescents, la découverte des premiers boutons est synonyme de catastrophe ! L'acné juvénile est de fait très répandue en Occident. Certains chercheurs avancent que 90 % des jeunes en sont affectés à des degrés divers. Cette surproduction de sébum diminue avec l'âge et se résorbe complètement en quelques années, dans la plupart des cas. Pour d'autres, l'atteinte peut être plus sévère et plus souffrante, surtout sur le plan de l'amour-propre. Les répercussions sur l'estime de soi sont importantes puisque, à cet âge, l'appréciation de l'apparence physique conditionne bien souvent l'estime de soi et l'aisance relationnelle.

? Que faire alors ?

Pour prévenir les cas d'affection de la peau, il convient d'abord et avant tout d'inciter votre adolescent à pratiquer une bonne hygiène de base.

Bien des produits traitants, correcteurs ou maquillants, sont en vente libre et peuvent remédier à certaines affections physiques et... psychologiques. Des soins esthétiques peuvent aussi être indiqués, comme un nettoyage en profondeur du visage. Ces soins sont topiques, ne traitant que la surface de la peau, et ils n'agissent pas sur l'origine métabolique du problème, comme il peut être nécessaire dans les cas d'acné sévère. C'est le dermatologue qui est spécialisé dans ce type de traitement. En son absence, votre médecin de famille ou votre pédiatre saura certainement conseiller votre adolescent. Vous constaterez que si l'acné de votre adolescent le fait véritablement souffrir, qu'il soit atteint d'une forme légère ou sévère, il ne se fera pas prier pour consulter ! Le médecin le renseignera sur la large gamme de traitements disponibles. Certains peuvent être réellement efficaces.

La pilosité

L'apparition de nouveaux poils et la transformation du fin duvet qui couvrait jusqu'alors le corps de votre enfant en poils plus foncés et plus drus entraînent des réactions fort différentes selon les sexes. En Occident, nous avons tendance à associer la pilosité au caractère masculin.

En général, les jeunes filles souhaitent posséder une chevelure épaisse et souple, des cils longs et soyeux, une ligne de sourcils bien définie. Par contre, la présence marquée de poils sur les jambes, les cuisses, aux aisselles et ailleurs... les horripile. Selon nos barèmes culturels, cette couverture pileuse est perçue comme étant disgracieuse, « masculinisante » ou même carrément anormale pour certaines adolescentes. Elles peuvent en éprouver une gêne plus ou moins prononcée lorsqu'elles ont à se dévêtir devant leurs amies, des membres de leur famille ou des professionnels de la santé. D'autres en sont affectées sur le plan de l'assurance quant à leur image corporelle, certaines au point de développer une anxiété importante et des pensées autodépréciatrices, s'estimant non féminines, anormales, voire non désirables.

? Que faire alors ?

Si votre adolescente vous donne l'impression d'être embarrassée par sa pilosité, abordez le sujet avec elle. Si elle est d'accord, guidez-la vers les méthodes épilatoires qui vous apparaissent à propos. Vous savez sans doute qu'il est bien difficile de calmer l'anxiété d'une adolescente qui focalise ses préoccupations, à tort ou à raison, sur une singularité corporelle qui la distingue. Elle dramatise ce qui n'est pour vous qu'une banalité et, bien souvent, elle finit par vous décourager tant elle cherche à vous persuader qu'elle a toutes les raisons de s'en faire ! Cette attitude ne signifie pas pour autant qu'elle ne retient rien de vos patients et judicieux conseils. Même si leur impact vous semble nul ou au mieux temporaire, tel commentaire ou telle réaction de votre part la rassure probablement bien plus qu'elle ne l'avoue ou qu'elle ne le réalise elle-même.

Parce qu'ils sont d'abord des hommes, les pères qui font preuve d'écoute et de délicatesse réussissent souvent à calmer ces grandes inquiétudes de jeunes filles à propos de leur image corporelle. Il ne faut donc pas hésiter à se répéter et à rassurer souvent son adolescente. Il ne s'agit pas de devenir harcelant mais, à l'opposé, elle pourrait interpréter un désintérêt rapide de votre part comme la preuve que son problème est grave et sans solution. Cela dit, rien ne vaut une première conquête amoureuse pour apaiser de telles inquiétudes et replacer l'appréhension dans sa juste perspective ! C'est le remède le plus efficace à court, moyen et long termes mais il s'agit là toutefois d'une solution tout à fait hors de votre contrôle !

Si l'insatisfaction ou l'anxiété de votre adolescente prend des proportions démesurées, il est conseillé de la référer à une esthéticienne ou encore, avec l'accord de son pédiatre ou du médecin de famille, de consulter un endocrinologue. Ce médecin se spécialise entre autres choses dans le traitement (hormonal, par exemple) d'une pilosité estimée trop abondante chez une adolescente.

Quant aux garçons, s'ils entretiennent une quelconque inquiétude concernant leur pilosité, c'est bien celle, au contraire des filles, de ne pas en avoir suffisamment. Mais être imberbe n'est généralement pas perçu comme un handicap sérieux et une pilosité légère ne sera pas considérée comme un signe patent de féminité. En fait, les jeunes hommes se montrent bien davantage préoccupés par leur taille, le développement de leur masse musculaire, la carrure de leurs épaules et, surtout, la taille de leur pénis.

Développement des organes génitaux

Le développement des organes génitaux est de loin la plus intrigante des modifications physiologiques que vivent les adolescents. Ils sont attentifs à la succession des étapes de cette métamorphose corporelle qui les prépare à assumer l'une des tâches fondamentales de tout être vivant : la reproduction de l'espèce.

Cette magnifique aventure n'est pas sans susciter des émotions contradictoires. D'un côté, il y a d'abord la satisfaction, la joie d'acquérir ses caractéristiques sexuelles définitives et d'être enfin physiologiquement capable d'expérimenter des rapports sexuels complets. Le jeune y découvre un plaisir personnel et relationnel nouveau et le pouvoir, le moment venu, de donner la vie à son tour. D'un autre côté, de nombreux adolescents se tracassent quant à l'allure que prennent ces transformations. Ils se demandent souvent : « Suis-je normal ? » Tout cela à cause du jeu inévitable des comparaisons qu'ils établissent entre eux, attendant parfois nerveusement tel ou tel changement, oubliant bien souvent que le rythme de développement diffère beaucoup d'une personne à l'autre.

Le jeu des comparaisons : vos adolescents n'y échapperont pas

Les adolescents s'interrogent et se comparent d'abord sur des caractéristiques sexuelles apparentes et cela va de soi.

Les filles, par exemple, peuvent s'inquiéter de leurs seins qu'elles jugent trop petits comparativement à ceux de leurs copines qui affichent déjà, selon elles, une poitrine enviable.

Un certain effet de mode en vigueur en Amérique reflète bien cette préoccupation. En guise de cadeau de graduation, il arrive que des parents offrent à leur fille qui le réclament une chirurgie esthétique visant l'ajout d'implants mammaires. Certaines reconnaissent se sentir mieux dans leur peau, plus féminines à la suite d'une telle intervention. Mais la chirurgie esthétique ne règle pas tout. Le développement de l'estime de soi est un processus complexe qui se tisse au fil des ans depuis la tendre enfance. Quelques heures sous le bistouri ne peuvent pas toujours faire disparaître par magie des impressions installées depuis des années. Trop peu d'adolescentes en sont véritablement conscientes, même si elles soutiennent le contraire. Le danger est que certaines n'arrivent jamais à se satisfaire de ce qu'elles sont et à se construire une personnalité unique, basée sur leurs atouts et leurs propres petites imperfections.

Quant aux garçons, ils n'en parleront probablement pas, mais lorsqu'ils se trouvent aux vestiaires, ils cherchent furtivement des points de référence quant à la taille de leur pénis. Les comparaisons concernant les prouesses sexuelles viennent dans un second temps. Quant à la question de la fertilité, elle préoccupe peu les adolescents. C'est de l'estime de soi, de la normalité et de l'appréciation de leur corps dont il s'agit au premier plan.

Les cours sur la sexualité dispensés depuis quelques années dans les écoles sont utiles. Ils répondent à plusieurs préoccupations qui agitent ces jeunes esprits concernant les transformations de leur corps et leur sexualité. S'ils atténuent bien des inquiétudes, ces cours ne parviennent tout de même jamais à répondre à tous les questionnements individuels qui varient sensiblement d'une personne à l'autre et qui sont liés à la quête identitaire. Cette recherche d'identité interpelle tous les individus à des moments précis de leur vie et plus particulièrement au cours de l'époque adolescente.

Quelques données physiologiques : les filles

L'appareil reproducteur féminin est en place dès la naissance. Lors de la puberté, un signal provenant du cerveau déclenche l'activité hormonale qui inaugure la phase de fertilité, menant la jeune fille à la maturité sexuelle. Cette période s'étend approximativement de l'âge de 10 à 18 ans et présente de grandes variations de rythme d'un individu à l'autre.

Après la poussée de croissance qui favorise, ainsi que nous l'avons décrit, une augmentation rapide de la taille et du poids, s'amorcent le développement des seins, l'apparition de la pilosité pubienne et axillaire, puis les menstruations. Les filles font en général peu de cas des modifications de leurs organes génitaux puisqu'elles peuvent difficilement les voir. En revanche, l'arrivée des menstruations leur rappelle qu'il s'y passe bien quelque chose.

De nos jours, en Occident, l'âge moyen d'apparition des menstruations se situe à 11,7 ans. En général, les règles surviennent entre 11 et 14 ans, mais parfois plus précocement, dès l'âge de 8 ou 9 ans. Il est alors pertinent de demander un avis médical afin d'évaluer la possibilité d'en retarder l'apparition précoce. Une intervention médicamenteuse pourrait éventuellement être conseillée. Il est tout aussi indiqué de consulter un médecin si les premières règles tardent à venir. Si votre fille n'a toujours pas ses menstruations à 16 ans, il faut soupçonner un problème hormonal ou de développement. On parle alors d'aménorrhée primaire. Ce retard affecte généralement les filles très athlétiques ou celles qui sont très minces et qui ne parviennent pas à atteindre la masse adipeuse nécessaire au déclenchement des menstruations. Ce délai n'est toutefois pas alarmant si les caractères sexuels secondaires que sont le développement des seins et la pilosité pubienne et axillaire ont commencé à se manifester.

Il est fréquent qu'au début des règles, les jeunes filles éprouvent une période d'inconfort accompagnée de crampes abdominales. Si les douleurs persistent ou sont difficilement tolérables, une consultation médicale s'impose. Vous pourrez ainsi vérifier si tout se déroule normalement et s'il y a indication qu'on lui prescrive une médication contre les douleurs menstruelles. Son action permet d'éviter les absences à l'école et diminue l'inconfort temporaire ou les douleurs aiguës qui peuvent survenir durant cette période. Par ailleurs, il faut vous assurer que votre adolescente dispose de l'information nécessaire quant aux mesures d'hygiène à prendre durant les règles. Il est évidemment recommandé d'en discuter avec elle avant l'arrivée des premières menstruations, de telle sorte qu'elle ne soit pas surprise par ces saignements.

L'avènement des menstruations est associé à la capacité nouvelle d'enfanter et il est très rare, de nos jours, que les adolescentes ne le sachent pas. Cela ne signifie pas pour autant qu'elles soient certaines qu'il n'existe qu'une seule façon d'enfanter ! Plusieurs croient qu'elles peuvent devenir enceintes lors de rapports sexuels oraux. Un rappel subtil de ce qu'implique la fécondation n'est jamais superflu. Il est aussi pertinent, lorsque la situation s'y prête, d'approfondir la question du choix éventuel d'une méthode contraceptive. Le risque est grand toutefois de vous faire vertement rabrouer par votre fille sous prétexte qu'elle connaît déjà tout sur la question. Ne vous laissez pas convaincre par cette rebuffade : il est improbable que ce soit le cas et vos conseils, bien qu'en apparence boudés, seront entendus et considérés.

Quelques données physiologiques : les garçons

En moyenne, les premiers signes de la puberté apparaissent un peu plus tard chez les garçons que chez les filles, soit vers l'âge de 12 ans, et leur évolution persiste souvent au-delà de l'âge de 18 ans, le temps que l'appareil reproducteur atteigne sa pleine maturité. L'apparition des premières manifestations de la puberté survient donc en moyenne de 18 à 24 mois plus tôt chez les filles et semble être à l'origine de la croyance populaire qui veut qu'elles deviennent matures plus rapidement que les garçons ! Et d'un point de vue développemental, on ne peut le nier ! Nous verrons plus loin comment cette poussée physiologique inaugure en quelque sorte le rythme de maturation des autres sphères de développement.

Tout comme chez les filles, le signal déclencheur des changements pubertaires est attribuable à l'activation de la glande pituitaire, située à la base du cerveau. Cette activation provoque le développement des organes génitaux. Les testicules libèrent alors l'hormone sexuelle mâle, la testostérone, et se mettent à produire des spermatozoïdes.

Si le garçon n'y a pas été sensibilisé au préalable, la première éjaculation peut se révéler tout aussi troublante que l'apparition des premières menstruations chez la fille. Même ceux qui s'y attendent sont momentanément troublés par la sensation forte et nouvelle qui accompagne les premières éjaculations. Ils se sentent envahis par une suite d'impressions qui, bien qu'agréables, sont déstabilisantes parce qu'elles sont vécues à ce moment-là – et à raison – comme s'exprimant tout à fait en dehors de leur contrôle. Certains adolescents, de nature plus inquiète, peuvent aller jusqu'à craindre que quelque chose à l'intérieur de leur corps ne se soit altéré ou endommagé.

La plupart des garçons associent encore spontanément prouesses sexuelles avec taille du pénis et puissance érectile. La littérature érotique et pornographique circule beaucoup parmi les adolescents et l'accès à de multiples sites Internet est très facile. Ils recherchent là une certaine stimulation, mais aussi des réponses à leurs questions, un soulagement à leurs inquiétudes. Malheureusement, cette littérature présente des prouesses et des attributs sexuels le plus souvent exagérés, voire exceptionnels, sinon carrément anormaux. L'adolescent en devenir risque d'y trouver davantage matière à alimenter son anxiété plutôt qu'à la calmer.

Que faire alors ?

Même dans un contexte familial ouvert et axé sur l'échange et la communication, toute question concernant le corps et son fonctionnement intime est délicate à aborder avec son adolescent. Cela ne signifie pas pour autant qu'il faille éviter toute discussion. Il faut toutefois faire preuve de doigté et de discrétion.

Il est possible que votre adolescent se montre irritable parce qu'il cherche à dissimuler ses inquiétudes. Dans ce cas, il devient alors plus difficile d'aborder ce sujet avec lui. Vous le savez sans doute, ce n'est pas une bonne idée de décréter que telle soirée est « le moment de parler de la vie » avec votre ado. Si le moment ne lui semble pas propice, la discussion risque de tourner court et, s'il n'a pas le goût d'en parler ou s'il n'est pas prêt à le faire, vous aurez du mal à remettre ce rendez-vous à l'agenda. Vous aurez plus de chance en lui tendant subtilement une perche. Par exemple, vous pouvez utiliser votre expérience à titre de comparaison : « Tu sais à ton âge, je me demandais encore si telle ou telle pratique sexuelle comportait un risque réel de grossesse » ou encore « J'étais tellement mal à l'aise dans les vestiaires ! Je croyais que mes amis étaient tous mieux pourvus que moi ! »

Bien sûr, il est plus facile pour une mère d'expliquer le phénomène des menstruations à sa fille, de même qu'il sied davantage à un père d'informer ou de rassurer au besoin son fils sur les premières pollutions nocturnes. Le parent de même sexe partage nécessairement une complicité toute naturelle en matière de questionnement sur la sexualité. Mais un père peut aussi entretenir une discussion intéressante avec sa fille en matière de sexualité. Par exemple, ils peuvent échanger sur les aspects relationnels qu'entretiennent les jeunes hommes à l'égard des jeunes filles en matière de vie amoureuse (attentes, faits méconnus, mythes). Il en va de même pour la mère à l'égard de son fils.

Dans un autre ordre d'idée, nous recommandons généralement aux parents de répondre aux questions des enfants en matière de sexualité au rythme où elles apparaissent spontanément dans la conversation. Il s'agit de privilégier des réponses courtes qui conviennent à l'âge de votre enfant. Les mêmes questions reviendront sous d'autres formes à des âges différents parce que votre enfant cherchera à intégrer une compréhension d'ensemble et de plus en plus détaillée des renseignements que vous lui fournissez.

Par contre, certains jeunes ne vous poseront jamais la moindre question, préférant trouver leurs réponses autrement. Il faut respecter leur démarche. À ce titre, de nombreux ouvrages spécialisés s'adressant aux adolescents traitent du développement du corps à la puberté. Ces ouvrages renseignent votre enfant et peuvent même servir de point de départ à un échange avec lui. Abondamment illustrés et attrayants, ils répondent à des questions courantes qui inquiètent les jeunes en matière de sexualité et d'image du corps. Ils offrent l'avantage de pouvoir être consultés au moment voulu, à l'abri des regards et des oreilles indiscrètes. De plus, ils peuvent tirer de l'embarras quelques parents, eux-mêmes moins à l'aise à échanger sur cette thématique. C'est une bonne idée d'acheter l'un de ces livres et de leur offrir discrètement. Le jeune appréciera qu'on lui évite la gêne de se le procurer lui-même et qu'on le protège des sarcasmes des frères et sœurs qui croient déjà tout connaître sur la question.

Si vous soupçonnez que c'est par gêne que votre adolescent n'ose aborder franchement le sujet et qu'il meure d'envie d'en discuter, vous pouvez délicatement prendre les devants. Une approche subtile est habituellement plus fructueuse si vous souhaitez créer un climat d'ouverture. Si vous abordez trop directement la question, vous risquez l'effet contraire : votre jeune peut se refermer davantage, par inhibition ou par souci de ne pas laisser percevoir son malaise. Il est important de respecter ses réactions et son droit à une certaine intimité, ce que certains auteurs appellent le « jardin secret ».

Cette vague de changements liés à la puberté poussent plusieurs jeunes à l'auto-observation (examiner son corps) et à l'introspection (s'attarder à ses pensées, à ses sensations et à ses émotions). C'est pourquoi garçons et filles passent plusieurs heures silencieuses dans l'intimité de leur chambre ou reclus dans la salle de bains, usant les miroirs, perdus dans la contemplation d'eux-mêmes ou emportés dans leur monde de fantaisies. Au-delà de l'observation de leur corps en changement, ces moments s'accompagnent progressivement d'une réflexion sur ce que seront leurs premières expériences sexuelles. Ils se décentrent peu à peu de leur propre image corporelle, de ses imperfections et de son idéalisation, pour anticiper l'allure de leurs premières relations intimes.

DEUXIÈME PARTIE

Les enjeux reliés à l'émergence de la sexualité

Pour tout parent, l'émergence de la sexualité chez son enfant est une réalité quelque peu troublante à envisager. Au-delà de le voir grandir, d'accepter qu'il gagne en autonomie et qu'il se prépare à réaliser ses propres désirs, songer à la sexualité qu'il expérimentera sous peu comporte quelque chose d'embarrassant. En fait, cette pensée est marquée par un tabou qui rappelle celui entourant l'évocation de la sexualité de ses propres parents. Imaginer ses parents faisant l'amour n'est pas en soi une vilaine pensée, mais elle est génératrice d'inconfort et d'un sentiment partagé : on se réjouit pour eux, mais en même temps on sent que cela ne nous regarde pas.

Freud et la scène originaire

Sigmund Freud et ses disciples ont très bien décrit combien le fantasme des parents réunis sexuellement suscite à la fois la curiosité de l'enfant et la culpabilité vis-à-vis ce mouvement de curiosité. L'enfant soupçonne qu'il se passe dans l'intimité de ses parents des choses inconnues de lui, à la fois attrayantes et intrigantes. Tout enfant supporte cependant plus ou moins bien le fait d'être exclu de cette entente heureuse qui fait chuchoter et rigoler les parents entre eux. À son point de vue, ses parents éprouvent un plaisir complice qu'ils se refusent à partager avec lui. À défaut d'y être convié, il rêve du jour où il aura droit à son tour à ce type d'intimité.

Étant parent, vous avez bien sûr connu cette expérience amoureuse et cette entente sexuelle. Et il est probable qu'à trois, quatre ou cinq ans, votre enfant a manifesté son intérêt ou son agacement concernant certains de vos échanges amoureux avec votre conjoint. Soit qu'il ait cherché à vous éloigner l'un de l'autre lorsque vous vous embrassiez ou qu'il ait tenté de vous distraire d'un regard intense et complice qu'il a surpris entre vous. Et quoi encore ! L'enfant exprime librement à la fois son malaise et sa déception de n'être pas invité à partager ce moment de plaisir évident avec vous.

La sexualité de vos enfants : limites et tabous

Une situation comparable se joue quant à la sexualité de vos enfants. C'est à votre tour d'être exclus ! Les motifs qui sous-tendent votre attitude concernant la sexualité de votre progéniture sont en lien avec votre personnalité ainsi qu'avec votre conception et votre intégration de la sexualité. Votre adolescent aura une compréhension et des aspirations légèrement ou tout à fait différentes des vôtres en cette matière. Il vous faut accepter qu'une intervention de votre part dans ce domaine aura dorénavant un impact bien limité.

Vous pouvez toujours guider votre fille dans l'achat de protections hygiéniques ou conseiller à votre fils un moyen de contraception. Par contre, le geste sexuel ne s'enseigne pas : il ne se transmet pas ou peu de manière franchement didactique ou délibérée. Vous ne pourrez pas définir pour votre fils ou votre fille son type d'homme ou de femme. Vous ne pourrez pas corriger le tir si son choix vous déplaît, pas plus que vous ne pourrez infléchir le cours de sa préférence en matière d'orientation et de pratique sexuelles. Vous savez que ces attirances ne surgissent pas subitement le jour du 13e anniversaire de naissance de l'enfant ! Elles se tissent inconsciemment depuis la tendre enfance, depuis la gestation dans l'utérus ou même à partir de la conception, soutiennent des chercheurs pour qui tout comportement est génétiquement programmé.

D'autres chercheurs et cliniciens insistent sur de nombreux autres facteurs qui influencent ces attirances : le tempérament, la personnalité de base de chacun, les expériences de vie et les modèles proposés, qu'il s'agisse du couple parental, des nouveaux conjoints des parents, des frères et sœurs aînés, d'amis de la famille, de personnages fictifs de romans ou de films, etc.

Tous les parents souhaitent que leur adolescent ait une sexualité heureuse et enrichissante. Il vous faudra accepter qu'il s'agit là de son intimité et qu'il n'est pas tenu de vous rendre des comptes concernant sa pratique sexuelle. Rappelez-vous votre première expérience sexuelle : êtes-vous allés en informer vos parents sur le champ ? Bien sûr, les choses ont évolué : parents et enfants parlent maintenant de plusieurs sujets qu'il était impensable et impossible d'aborder à l'époque. Il est aussi vrai que de nombreux jeunes qui ont connu une tradition d'échange avec leurs parents finissent par s'ouvrir à eux si quelque chose les inquiète ou les insécurise en ce qui a trait à leur sexualité. Toutefois, si votre enfant s'est toujours montré réservé, il le demeurera probablement. La question n'est pas de savoir s'il vous fait confiance ou non. C'est tout simplement là l'expression d'une des facettes de sa personnalité.

Par ailleurs, il ne faut surtout pas négliger l'importance des relations avec les pairs pour ce type de confidences. Même s'ils s'adressent à tout aussi ignorants qu'eux en la matière, les jeunes sont capables de s'offrir mutuellement du soutien et une écoute vraie. Au besoin, s'ils jugent avoir besoin d'une aide supplémentaire, ils peuvent avoir recours à une panoplie de ressources : intervenants scolaires, infirmières et médecins en cliniques médicales pour jeunes ou en centres hospitaliers, sites Internet bien documentés, etc. Si votre attitude a toujours été de commenter négativement et à haute voix des phénomènes comme la grossesse chez les adolescentes ou l'homosexualité, il est bien entendu que votre enfant pourra avoir quelque réticence à se confier à vous. Il est raisonnable de penser qu'il réservera pour d'autres ses questions et ses confidences concernant sa sexualité.

La sexualité doit toujours se vivre dans le respect mutuel des partenaires. C'est là l'essentiel que les parents doivent transmettre à leur enfant. Quant aux sentiments qui l'accompagnent, c'est une autre histoire. Entente sexuelle et amour ne riment pas toujours, lors des premiers jours du moins. Nos jeunes évoluent dans un univers médiatique qui les renvoie à une sexualité de consommation, aussi virtuelle que potentiellement insatisfaisante. Les vidéoclips dont ils se régalent quotidiennement proposent des abrégés de jeux de séduction et des évocations pour le moins peu symbolisées de rapports sexuels. Ces clips évacuent le plus souvent l'élément fondamental pour l'être humain dans cet échange qui se veut si intime : la relation.

Sexualité et relation

L'avènement de la puberté induit des transformations à la fois physiques et psychiques qui entraînent des fluctuations sur le plan des émotions et des sensations. Les bouleversements hormonaux, tout à fait indépendants de la volonté des adolescents, induisent de nombreuses modifications corporelles qui ne sont pas toujours les bienvenues. Et elles ne sont pas nécessairement faciles à vivre et à accepter. Ces préoccupations grandissantes pour l'image du corps ont bien sûr un impact direct sur le narcissisme de l'adolescent, c'est-à-dire sur son sentiment d'autosatisfaction, lorsqu'il se regarde dans le miroir par exemple. Cette image reflétée devient de plus en plus préoccupante parce qu'elle est dorénavant assujettie à l'appréciation et éventuellement au désir d'autrui.

Le sentiment amoureux

À l'adolescence, les relations amicales gagnent en importance et acquièrent une qualité différente de celles vécues durant l'enfance. La vie sociale avec les pairs s'intensifie. Les jeunes sortent entre eux et des rencontres multiples deviennent possibles. Ils éprouvent un jour ou l'autre l'envie de mieux connaître quelqu'un en particulier. Sans trop savoir pourquoi au début, ils ont le goût de s'en rapprocher de manière plus intime ; ils expérimentent à leur tour le phénomène insaisissable de l'attirance et connaîtront bientôt leurs premiers émois amoureux. Il s'agit d'une nouvelle forme d'amour, bien différente de celle que l'enfant a jusqu'alors ressentie et reçue de ses parents. L'amour parental évolue sans pré-requis de séduction ou de nécessité de conquérir.

Tomber en amour pour la première fois est une chose merveilleuse et... envahissante ! Les symptômes les plus connus, d'une durée variable, sont les suivants : perte d'appétit, difficultés d'attention, humeur joyeuse voire euphorique, sensations de lévitation, d'harmonie et de complétude, rêveries diurnes, etc. ! Le fait de découvrir qu'il peut partager tant de choses avec l'être aimé donne des ailes à l'adolescent. Ils aiment la même musique, les mêmes films, privilégient le même style vestimentaire, partagent les mêmes activités sportives, et quoi encore ! Les différences qui les particularisent sont peu importantes et cèdent le pas à tout ce qui les unit, les rapproche, en une sorte de symbiose tout aussi heureuse qu'irréaliste à moyen terme. Vos souvenirs personnels de ces moments de grâce vous aideront à tolérer le fait que votre ado saute des repas, oublie l'heure de rentrée, néglige ses travaux scolaires, omet de vous saluer...

On peut parfois s'interroger sur la fascination qu'exerce un autre jeune sur son enfant : « Pourquoi notre fille si sage s'intéresse-t-elle à cet énergumène sans manière, qui semble se ficher de tout ? » ou encore « Pourquoi notre fils cultivé se sent-il bien avec cette fille, fort jolie certes, mais incapable de soutenir la plus banale des conversations ! » Il faut savoir qu'à 13, 14 ou 15 ans, le « choix » d'un éventuel amoureux repose en bonne partie sur certaines nécessités liées au développement. Par exemple, le besoin de se distancier psychologiquement de ses parents pour prendre son propre envol dans la vie peut conditionner des choix amoureux complètement à l'opposé de ce qu'il est. C'est une façon de vous dire : « Je ne serai plus celui ou celle que vous connaissez ou que vous croyiez si bien connaître. Je suis différent, je suis moi-même. Voilà mon choix, que cela vous plaise ou non. » Avec ce choix, votre ado essaie de vous dire – et de se dire – qui il devient. Rassurez-vous, ou consolez-vous au besoin, car il ne privilégiera pas nécessairement le même « type » d'amoureux dans deux, cinq ou dix ans.

? **Que faire alors ?**

Le choix amoureux de votre adolescent peut vous déplaire, mais vous devez le respecter dans la mesure du possible et souhaiter à la rigueur que cette toquade lui passe rapidement ! Toutefois, il faut comprendre qu'il y a peut-être un message sous-jacent à ce choix, même si le premier intéressé, votre ado, ne le comprend pas encore lui-même. Si son choix amoureux vise à mettre une distance entre vous et lui, à vous signifier que vous ne déciderez pas de ce qui lui convient en matière de cœur, vous ne ferez qu'alimenter la nécessité pour lui de maintenir ce choix en vous y opposant. C'est le moment de vous dire qu'il faut bien que jeunesse se passe, que les amourettes se vivent et meurent. C'est là une attitude plus rentable que l'affrontement et le dénigrement des choix amoureux de votre jeune.

Mais n'allez pas jusqu'à mentir sur votre appréciation de l'élu de son cœur ou jouer la comédie en « faisant semblant » que cet « élu » vous plaît. Vous y perdrez inutilement beaucoup d'énergie et de crédibilité. Votre adolescent ne s'en trouvera que plus déstabilisé. Si vous désapprouvez clairement son choix, c'est votre devoir de parent de lui signifier. Mais il est préférable de ne pas en rajouter. Vous énoncez fermement mais calmement votre point de vue. Trop insister vous entraînera dans une dynamique oppositionnelle exténuante et infructueuse pour les deux parties.

La première peine d'amour…

Si votre adolescent fait un choix amoureux qui vous convient, c'est tant mieux, car ce sera plus facile à vivre pour tout le monde. Cependant, gardez à l'esprit que même si ce choix vous ravit, il ne sera probablement pas éternel. Vous ressentirez peut-être du chagrin et un sentiment de perte lorsqu'il y aura rupture. Et si cette rupture n'est pas souhaitée par votre enfant, vous vous retrouvez avec un jeune en première peine d'amour…

Cette première peine d'amour est une étape quasi nécessaire dans le développement de tout être humain. En effet, rares sont les gens qui disent n'en avoir jamais connue ! C'est le moment d'apprendre sur soi et sur les autres. C'est aux dires de certains « l'école de la vie ». Cette première rupture laisse des traces plus ou moins profondes, le plus souvent un chagrin passager qui fait pleurer, réfléchir et grandir. Mais il peut s'agir aussi d'une expérience plus souffrante pour votre enfant. Dans ce cas, il faut vous assurer qu'il est accompagné dans ce premier deuil amoureux.

Les thérapeutes d'adolescents qualifient généralement ces premières peines d'amour de « narcissiques » parce que la souffrance ressentie est plus narcissique que relationnelle, c'est-à-dire qu'elle est davantage liée à la blessure de l'estime de soi qu'à la perte de l'autre. Ainsi, l'expérience d'être délaissé, rejeté et parfois vite remplacé, constitue une blessure plus grande que la perte comme telle de l'autre. Non pas qu'un réel attachement n'ait pu se créer entre ces deux jeunes, mais combien d'autres amours sont à venir lorsqu'on a 14, 15 ou 16 ans ? L'estime de soi accuse plus durement le coup : votre jeune se plaindra que tous ses amis le savent déjà : « De quoi j'ai l'air, mon "ex" s'est déjà trouvé quelqu'un d'autre ! » Il s'agit là de l'une des nombreuses petites blessures que la vie nous réserve ...

? Que faire alors ?

Vous devez préserver l'amour-propre de votre enfant en peine d'amour, même si en apparence il semble ne rien vouloir entendre. Veillez à ne pas trop discréditer l'ex-amoureux. Cela pourrait le soulager un moment mais risquerait de l'irriter à la longue. En effet, votre adolescent a voulu et vécu ce premier amour, et il souhaite malgré tout en conserver le plus beau des souvenirs. S'il y a une époque où l'être humain peut se laisser aller au romantisme édulcoré ou excessif, c'est bien à l'adolescence ! Se souvenir de sa première peine d'amour avec douceur et un brin de mélancolie, pourquoi pas ?

À la maison, des petits riens peuvent curieusement se révéler réconfortants : recevoir un commentaire sincère d'encouragement d'un frère ou d'une sœur, déguster son mets favori, partager une activité qui lui a toujours plu, qu'il s'agisse de sport, de magasinage ou de cinéma maison. À cet âge, les vrais amis savent faire preuve d'un soutien généralement indéfectible dans ces moments difficiles. Comme ils passent tous par là, ils sont plutôt empathiques et enclins à se soutenir mutuellement. Les garçons comme les filles ont ces chagrins d'amour mais ils les vivent différemment. Elles pleurent et parlent des heures avec leurs copines ; ils se referment davantage, s'activent, ont parfois besoin de se défouler en tapant sur quelque chose pour chasser leur chagrin qui s'extériorise sous la forme de tension et de rage.

Si la peine d'amour ne s'estompe pas malgré l'écoute attentive et le soutien affectueux de l'entourage, il peut être indiqué d'orienter votre enfant vers une ressource professionnelle. Celui-ci peut consulter un psychoéducateur, le psychologue scolaire ou un intervenant en maison de jeunes ou au CLSC. Il est fréquent que les jeunes acceptent une telle démarche, tant ils sont accablés par leur souffrance et n'en voient plus la fin.

Si votre adolescent se sent abandonné et désespéré au point qu'il en vienne à exprimer des menaces suicidaires pour mettre un terme à sa peine, il est plus que temps d'avoir une bonne discussion avec lui. Ces menaces font automatiquement tressaillir d'angoisse les parents, ce qui est fort compréhensible, compte tenu du haut taux de suicide des adolescents nord-américains. Même si elles semblent peu sérieuses, les allusions suicidaires suscitent toujours chez les parents une bouleversante remise en question. « Avons-nous échoué dans notre mission parentale ? Sommes-nous à ce point incapables d'aider notre enfant à surmonter cette épreuve ? A-t-il une personnalité si fragile ? Est-ce sérieux ou est-ce pour nous faire réagir ? » Ces menaces ne doivent pas être prises à la légère, mais elles ne doivent pas pour autant être considérées comme inéluctables. Si vous paniquez, vous pourrez difficilement aider et rassurer votre jeune. Malgré votre peine et votre anxiété, il vous faut faire un effort pour vous contenir et pour ouvrir le plus calmement possible la discussion avec votre enfant. Si vous prenez sérieusement en considération ses propos, votre adolescent appréciera votre ouverture à sa souffrance et se montrera probablement plus enclin à se confier et à accepter éventuellement votre aide.

Les menaces suicidaires provoquent toujours une onde de choc chez les parents et son impact déstabilisateur engendre des réactions variées, allant de la banalisation excessive à la dramatisation. Cette gamme de réactions est l'expression d'une manœuvre défensive qui vise à vous protéger vous-même, devant l'effet troublant qu'une telle nouvelle suscite. Une seule discussion est très certainement insuffisante. Après un premier échange avec votre enfant, il faut en prévoir un second où vous serez préparé cette fois. Il est recommandé que les deux parents soient présents lors de ce deuxième échange, même si vous vivez séparément. Cependant, si la relation est tendue et impossible avec l'un ou l'autre parent, il vaut mieux ne pas placer l'adolescent dans une situation additionnelle de conflit.

Après quelques bonnes discussions et avec votre soutien, il est bien possible que le chagrin apparemment insurmontable se dissipe progressivement. Mais si votre enfant se montre inconsolable, démotivé et insensible aux efforts que vous faites pour le rejoindre et l'aider, il faut l'amener à consulter. Faites-lui part de vos inquiétudes et de votre sentiment d'être limité, impuissant à l'aider. Dites-lui qu'il vous est pénible de le voir souffrir ainsi sans pouvoir lui venir en aide. Faites-lui valoir jusqu'à quel point son comportement s'est détérioré et qu'il a besoin d'une aide spécialisée pour se remettre en piste. Expliquez-lui que malgré toute votre bonne volonté, vous n'arrivez pas à lui prodiguer seul cette aide. Insistez sur le fait que vous resterez présent et à l'écoute, dans la mesure où vous aurez le sentiment de pouvoir l'aider ou dans la mesure où lui-même souhaitera votre intervention. Dites-lui qu'il existe des moyens médicaux et professionnels pour lui venir en aide et que vous voulez pour lui le meilleur traitement possible, comme s'il était atteint de diabète ou de cancer. Il se peut qu'il faille lui forcer un peu la main : lorsqu'on est dans une situation de désespoir, on n'a pas toujours l'énergie de décider de ce qu'il convient de faire pour s'en sortir.

Les services dits de « première ligne », dispensés dans des CLSC, en milieu scolaire ou par le médecin de famille sont tout à fait indiqués. Ces intervenants procéderont à une première évaluation de l'état affectif de votre enfant. Ils pourront lui offrir quelques rencontres de soutien psychologique. S'ils l'estiment nécessaire, ils demanderont une consultation en pédopsychiatrie. S'ils jugent la situation critique, urgente et nécessitant éventuellement une hospitalisation pour protéger l'enfant contre lui-même, ils vous conseilleront de le conduire à l'urgence d'un centre hospitalier qui peut offrir en tout temps une évaluation spécialisée par un psychiatre ou, en son absence, par un pédiatre ou un omnipraticien. Nous reviendrons sur le sujet au chapitre six. Soulignons simplement que lorsque les jeunes consultent d'urgence dans pareil contexte, la rupture amoureuse, si douloureuse soit-elle, ne suffit jamais pour expliquer à elle seule la menace ou la tentative suicidaire. Le plus souvent, ce motif sert d'écran aux véritables raisons, qu'il s'agisse de difficultés aiguës ou persistantes dans leur vie familiale, scolaire ou sociale.

Il est possible que vous pensiez que ces menaces suicidaires sont l'expression d'une manipulation, un moyen d'attirer l'attention ou de faire revenir l'ex-amoureux sur sa décision. C'est une possibilité à envisager et il n'y a rien de honteux à tenter cette manœuvre : il est un peu normal de rechercher davantage de présence et d'attention lorsqu'on ne va pas bien. Mais vous connaissez votre enfant, vous savez s'il s'agit là ou non d'un trait de sa personnalité. Certains parents craignent tellement d'être piégés dans une sorte de « chantage affectif » qu'ils banalisent à outrance ou relèguent au second plan toute autre forme d'inquiétude. Ne vaut-il pas mieux s'en faire trop que de regretter de ne pas avoir été suffisamment attentif et interventionniste ?

La première relation sexuelle

En général, les jeunes ne s'empressent pas d'aviser leurs parents qu'ils viennent de vivre leur première expérience sexuelle. Certains parents le devinent pourtant. Ne sachant pas trop comment l'expliquer, ils flairent ce petit changement dans l'humeur, cette étincelle nouvelle dans le regard, et comprennent que leur enfant a définitivement quitté la candeur et l'innocence de l'enfance.

Lorsqu'un adolescent prend la décision de faire l'amour, d'expérimenter cette aventure intime à deux, ses parents réussissent rarement à l'en dissuader, et ce à supposer qu'il aient été informés de son intention. Vous avez probablement raison de penser qu'il se lance trop tôt dans cette belle aventure pour pouvoir l'apprécier à sa pleine mesure, l'âge moyen des premières relations sexuelles étant de 15 ans au Québec. Évidemment, rien ne vous empêche de donner votre avis, mais sa décision de faire l'amour ou non à tel moment de sa vie repose bien plus sur l'éducation qu'il a reçue sur la question et le contexte affectif dans lequel il aura reçu cette éducation. Vous ne pouvez tout de même pas le séquestrer ou lui interdire tout bonnement de s'exécuter ! Il vaut mieux revenir sur l'importance du respect mutuel entre les partenaires et reprendre vos mises en garde en matière de contraception et de protection contre les maladies transmissibles sexuellement.

La première relation sexuelle est inoubliable, mais il est plutôt rare qu'on y atteigne les sommets de l'extase. Certains en conservent un souvenir charmant, d'autres éprouvent un sentiment d'échec. Il est fréquent qu'après une première relation, surtout si elle ne se vit pas dans le contexte d'une relation amoureuse, il se passe un bon moment avant une seconde tentative. Cela est vrai surtout chez les filles. Les jeunes se sentent soulagés de pouvoir dorénavant se comparer aux autres. Ils sont satisfaits d'avoir franchi cette étape qui, pour certains, recèle une portée symbolique à caractère initiatique. D'autres répéteront l'expérience plus rapidement. Encore de nos jours, nombreuses sont les filles qui consentent à avoir des relations sexuelles d'abord pour ne pas perdre leur amoureux. Dans ces circonstances, le plaisir sexuel est rarement de la partie. Pour les garçons, il est généralement plus facile, physiologiquement parlant, d'expérimenter le plaisir sexuel. Sur le plan génital, l'excitation est ressentie plus rapidement, elle se fait plus pressante et commande en quelque sorte la détente orgasmique. Mais il faut avoir atteint une certaine maturité personnelle et relationnelle pour éprouver une communion sexuelle profonde, se sentir vibrer dans tout son corps au même rythme que l'autre, atteindre un véritable état d'abandon.

Votre adolescent peut faire allusion devant vous au fait qu'il a connu ses premiers rapports sexuels. Les garçons le laissent plus souvent entrevoir. C'est comme si, pour eux, cela signifiait avoir franchi l'étape qui les consacre à la fois adulte et homme aux yeux des autres, y compris aux yeux de leurs parents.

? Que faire alors ?

Il est préférable de réfréner votre curiosité à propos des premières relations sexuelles de votre ado. Il se peut qu'il ait éprouvé quelque chose de magnifique et d'extraordinaire ; alors à quoi bon y mettre à tout prix votre sceau de désapprobation culpabilisante ? De toute façon, à son âge, vous ne pourrez pas infléchir directement le libre cours de ses choix en la matière. Insistez sur les risques réels de grossesse et de contraction de maladies sexuellement transmissibles, y compris le sida. Des études récentes mettent en évidence que la grande majorité des jeunes, bien que très informés en matière de sexualité, croient qu'il est impossible qu'une fille devienne enceinte lors de sa première relation sexuelle. Or, la majorité des grossesses d'adolescentes surviennent à la suite de cette première fois. Tout autant de jeunes croient que le sida est une maladie qui se guérit grâce à la tri-thérapie. C'est votre devoir de parent de jeter de l'ombre sur ce fantasme de relations sexuelles idylliques et rappeler la menace de mort malheureusement bien réelle qui lui est encore associée.

Les « fuck friends »

Cette expression, typiquement adolescente et pour le moins inélégante, réfère au fait d'avoir un ami désigné avec lequel on entretient des rapports qui sont uniquement de nature sexuelle. En général, on n'a qu'un « *fuck friend* » et il s'agit d'un autre adolescent. Cette relation, exclusivement de nature sexuelle, évacue toute dimension amoureuse, mais elle peut avoir un caractère amical. Le principe est donc d'explorer le plaisir sexuel dans un contexte exempt de lien amoureux.

Ce n'est probablement pas le type de relation que vous souhaitez pour votre enfant. Mais il faut bien admettre que notre génération a non seulement expérimenté mais fait aussi la promotion des vertus de la liberté sexuelle. Nous sommes mal placés pour leur faire la morale ! Par ailleurs, comme nous l'avons dit plus tôt, les adolescents, de nos jours, vivent une pression très grande en ce qui concerne la sexualité : la surexposition aux images de sexualité de consommation induit un stress certain. Ces images mettent en scène toutes sortes de jeux et d'enjeux narcissiques dans l'expression d'une sexualité de plus en plus libre. Plusieurs craignent de ne pas être à la hauteur de la situation devant l'élu de leur cœur. Alors, ils s'exercent ! Une plus grande accessibilité aux méthodes contraceptives les dégage aussi de toute contrainte d'engagement éventuel, dans leur esprit du moins.

Que faire alors ?

Il y a peu de chance pour que votre enfant vous dise s'il a ou non un «*fuck friend*». Certains jeunes vivent cette relation avec une aisance troublante, alors que d'autres se font piéger parce qu'ils espèrent malgré eux que cette relation mènera à un lien amoureux. Quoi qu'il en soit, toute intervention de votre part pour empêcher ce phénomène aura une portée limitée si votre adolescent a déjà décidé de tenter l'expérience.

La masturbation ou «sexualité bien ordonnée commence par soi-même *»

De nos jours, il est exceptionnel que des parents s'inquiètent du fait que leur adolescent s'adonne à la masturbation. Il s'agit d'une activité de découverte et d'exploration de soi qui débute dans les faits, bien que d'une manière moins intentionnelle, dès la petite enfance. C'est une activité solitaire qui

* ROBERT, Jocelyne. *Full sexuel*. Montréal : Éditions de l'Homme, 2002. p. 93

se pratique dans l'intimité. Chacun doit donc se sentir libre de s'y adonner ou pas et n'a de compte à rendre à personne à cet sujet.

La détente orgasmique que procure la masturbation peut contribuer à apaiser une tension sexuelle parfois difficile à contenir et à gérer à cet âge. C'est aussi un moyen d'explorer et de mettre en scène, par l'intermédiaire de l'activité fantasmatique qui l'accompagne toujours, des scénarios relationnels où chacun apprivoise à son rythme son potentiel érotique et sa manière de se lier à l'autre.

? Que faire alors ?

Tous les parents savent maintenant que la masturbation est une activité sexuelle que l'on ne doit pas chercher à surprendre ou à condamner chez l'adolescent. Il ne s'agit pas pour autant de l'encourager ouvertement ou, pire encore, de la prescrire littéralement. Votre jeune en découvrira bien par lui-même toutes les vertus ! Des parents, qui veulent se montrer ouverts en insistant de manière intrusive pour discuter théoriquement ou techniquement avec leur adolescent de masturbation, risquent fort d'être mal reçus et de provoquer chez lui une fermeture défensive à des fins légitimes de protection de son intimité.

Il convient donc de respecter le caractère intime de cette activité . Si votre enfant n'aborde pas lui-même la question, il est inopportun et déconseillé de prendre les devants. Il pourrait en ressentir de la honte ou de la culpabilité, ce qui risquerait d'inhiber l'évolution harmonieuse de sa sexualité. Par ailleurs, si vous découvrez un jour avec embarras quelques taches significatives sur les draps de votre fils, il est plus sage de le passer sous silence. Demeurez discrets ! Votre adolescent vous en sera reconnaissant.

Découverte et révélation de l'homosexualité

L'appréhension que l'un de ses enfants se révèle homosexuel est encore largement répandue même si, en général, l'homosexualité est un phénomène de plus en plus accepté dans nos sociétés. Vous avez probablement quelques connaissances ou amis homosexuels. Vous les recevez à votre table et passez de bons moments au travail ou au loisir en leur compagnie. Mais de là à accepter sans sourciller que l'un de ses enfants se déclare homosexuel, il y a tout un pas ! Pour certains parents, cette révélation sera synonyme d'humiliation, voire d'échec de l'éducation qu'ils ont prodiguée avec amour à leur progéniture. Ces parents s'interrogent, se torturent l'esprit parfois : « Pourquoi cet enfant et non pas ses frères et sœurs, tous élevés de la même manière ? », « Où avons-nous manqué ? », « Comment me perçoit-il en tant que femme, moi sa mère ? », « Quelle sorte d'homme peut-elle bien voir en moi, son père ? »

Après ces questions, d'abord centrées sur soi en tant que père ou mère et en tant qu'homme ou femme, vient une série d'autres questions quant aux activités sportives ou artistiques qu'on aurait dû lui faire pratiquer pour qu'il soit plus viril ou pour qu'elle puisse développer davantage sa féminité. Puis viendront les inquiétudes quant à l'accueil que la société réservera à cet enfant. La perspective de le savoir être l'objet de moqueries dégradantes ou le fait de l'imaginer choisissant de vivre dans les quartiers gais vous attristera probablement. De plus, le fait que cet enfant ne procréera pas – sauf exception, par procréation assistée – vous privera de petits-enfants issus de sa chair, et par conséquent de la vôtre. Cela vous chagrinera et vous affligera d'autant plus s'il s'agit d'un enfant unique.

Vous chercherez des arguments ou des moyens de le faire revenir sur sa décision, de lui faire comprendre qu'il fait peut-être fausse route. Vous vous direz que ce n'est qu'une passade, un moment d'égarement temporaire dans la recherche de soi, sur ce long et tortueux chemin de la quête d'identité. Et il se peut fort bien que vous ayez raison, d'autant que le passage par la bisexualité, sans être un passage obligé, est tout de même pratiqué par bon nombre d'adolescents aujourd'hui.

Devant la révélation de l'homosexualité de votre enfant, vous entrerez probablement dans une forme de deuil quant à vos aspirations parentales pour cet enfant-là. Ce deuil a ceci de particulier qu'il porte sur ce que vous désiriez que cet enfant devienne, sur votre propre anticipation de ce que vous lui souhaitiez de bon pour son avenir et parfois aussi... pour vous-même. Mais qui sait si vos enfants hétérosexuels se réaliseront dans le sens de vos aspirations et s'ils seront véritablement heureux? Qui sait s'ils choisiront d'avoir des enfants ? Vos inquiétudes sur la société dans laquelle votre fils gai ou votre fille lesbienne évoluera sont probablement justes en bonne partie, mais elles sont basées sur votre expérience relative à la tolérance de l'homosexualité et non sur la leur.

Vous avez sans doute raison de penser que, évolution ou non de la société , votre enfant homosexuel s'expose davantage à des moments de souffrance incontournables qu'un autre jeune hétérosexuel. Mais il est bien difficile de faire le décompte de la souffrance, de déterminer objectivement ce qui est le plus pénible à vivre pour un individu ou pour un autre. Vivre en cachant son homosexualité ou vivre en la révélant ? Vivre, point ! Certains hétérosexuels sont bien plus malheureux que des homosexuels. Ces derniers n'ont pas le monopole des difficultés et des blessures qu'apporte la vie. Et l'homosexualité n'est pas en soi la variable responsable de tous les maux qui affectent la population gaie. Par contre, elle peut être à la source de plusieurs de leurs problèmes si les homosexuels sont rejetés par le milieu dans lequel ils vivent depuis toujours, uniquement à cause de leur orientation sexuelle.

Pour bien des parents, ce rejet initial se fera malgré l'amour qu'ils portent à leur enfant. Ce rejet inconscient agit comme un bouclier défensif, le temps qu'ils s'adaptent à cette nouvelle réalité, à cet imprévu qui fait irruption dans leur vie et fracasse sans ménagement la représentation qu'ils avaient construite de leur enfant. Apprendre l'homosexualité de son enfant est toujours une expérience déstabilisante. Ce déséquilibre est toutefois temporaire : il se transformera en acceptation, en tolérance ou en rejet.

Dans le quotidien, vos enfants côtoient de plus en plus de gens qui s'avouent homosexuels et qui s'assument en tant que tels : des voisins, des professeurs, des amis d'amis, des vedettes de la chanson, du cinéma, de la télévision, des gens que vous fréquentez, que vous recevez, etc. Il ne faut pas conclure pour autant que c'est la fréquentation d'homosexuels qui amène l'homosexualité chez votre enfant. L'homosexualité n'est tout de même pas un phénomène contagieux ! Comme le souligne Jocelyne Robert*, « l'être humain est un mystérieux alliage de féminin et de masculin, diversement dosé d'une personne à l'autre ». Et ce dosage résulte d'une multitude de facteurs qui ne font toutefois pas consensus, à ce jour, dans le monde médical et scientifique. Certains chercheurs soutiennent que l'orientation sexuelle est prédéterminée génétiquement, alors que d'autres prétendent qu'il s'agit de la résultante d'expériences et de vécus divers, puisque la thèse génétique n'est pas encore scientifiquement démontrée.

---

* ROBERT, Jocelyne. *Op.cit.* p. 81.

Il existe autant de façons de révéler son homosexualité qu'il y a d'individus. Plus précisément, deux tendances se dégagent.

Certains jeunes font leur révélation aux parents, seuls ou en présence de la famille, pratiquement sans gêne ou appréhension. Leurs amis le savent souvent avant la famille. Ayant côtoyé des homosexuels à la maison, ils en déduisent, à tort ou à raison, que leurs parents ne sont pas biaisés dans leur appréciation d'une personne par son orientation sexuelle.

En fait, c'est encore dans une minorité de foyers que les choses se vivent ainsi. En général, les parents, si ouverts soient-ils, ne considèrent pas d'égale manière l'homosexualité de leurs amis et celle de leurs propres enfants. Les jeunes ignorent souvent l'existence de cette nuance et s'expliquent mal la forte réaction de leurs parents. Au-delà des implications psychosociales traditionnellement évoquées, il nous apparaît qu'une partie de l'explication réside dans le bouleversement de l'ordre de filiation naturelle que cela provoque. Cet ordre définit la place de chacun dans la lignée familiale et implique un principe de verticalité dans l'enchevêtrement des liens d'une même famille : une mère met au monde une fille, qui donne naissance à un fils, qui à son tour a un enfant, etc. C'est ainsi que s'établit la cascade des générations, garantissant la perpétuation de chaque famille. Un enfant qui ne se reproduit pas ampute cette verticalité. Si tous les enfants d'une même famille s'abstenaient de se reproduire, la famille disparaîtrait. Instinctivement, l'être humain lutte contre cette perspective d'annihilation de sa filiation. Il est possible que la forte réaction à la découverte de l'homosexualité d'un enfant soit due en partie à l'angoisse que disparaisse ce principe de verticalité, porteur de vie.

D'autres jeunes vivent de manière parfois intolérable la découverte de leur homosexualité. Ils se refusent longtemps à l'admettre, tardent à la révéler à leur entourage et peuvent même ne jamais le faire. L'anticipation d'un rejet, d'une réaction négative des proches est si intolérable à envisager qu'elle commande le silence, le mensonge et les faux-fuyants. L'homosexualité n'est pas une option de vie qu'un individu peut délibérément choisir: c'est une manière d'être en relation amoureuse et sexuelle qui s'impose à l'individu. Ce dernier ne décide pas de cette condition. Elle fait partie de lui, s'immisce dans ses sens, s'impose dans ses fantasmes. Lorsqu'un adolescent découvre que son homosexualité est à la fois incontournable et que ceux qui l'aiment et qu'il aime la perçoivent comme inacceptable, il ressent un grand déchirement intérieur. Cela peut le mener à poser des actes témoignant de son désespoir. Évidemment, ce n'est pas le cas de tous, mais il est vrai que certains d'entre eux ont des comportements inadéquats et parfois autodestructeurs pour tenter de chasser ce qu'ils ressentent.

Certains se tournent vers les drogues, deviennent improductifs ou déprimés. D'autres peuvent avoir une conduite suicidaire, comme celle de ne pas se protéger lors de rapports sexuels avec des étrangers; ou ils vont parfois jusqu'à tenter un geste franchement suicidaire. Dans ces cas extrêmes, les parents ne sont pas toujours au courant de ce que vit leur enfant, souvent parce qu'il fait tout pour cacher sa condition, ce qui ajoute à son désarroi. En général, la communauté homosexuelle offre un grand soutien mutuel, avec des cliniques et des services professionnels qui ciblent les demandes et tentent de répondre aux besoins. Des lignes d'entraide téléphoniques sont aussi disponibles. Mais les adolescents ont moins tendance à les utiliser que les adultes. Il importe toutefois de retenir qu'une aide psychologique, par exemple, ne vise pas à traiter l'homosexualité en soi mais bien les difficultés possibles liées au fait de vivre avec cette orientation sexuelle. Si votre adolescent est en questionnement, son psychothérapeute peut l'accompagner dans les méandres de sa réflexion, mais il ne peut modifier, par son traitement, le cours de ce processus identitaire.

Expérimenter la bisexualité ou «c'est hot *d'être bi»*

Chez les adolescents, une tendance nouvelle et un peu surprenante pour plusieurs parents a cours actuellement: la pratique libre de la bisexualité. Les jeunes ne s'y adonnent pas tous et ceux qui le font ne seront pas nécessairement bisexuels plus tard.

Ce phénomène fait penser à la culture échangiste qui se pratique de plus en plus ouvertement chez les adultes (il existe une association échangiste internationale) et où il y a souvent pratique de la bisexualité. Quoi qu'il en soit, les adolescents qui s'adonnent à la bisexualité vous diront qu'il s'agit d'une activité ludique, d'une pratique sexuelle comme une autre, dans laquelle n'interviennent pas de sentiments amoureux. Ils souhaitent être libres d'explorer toutes les facettes de leur personnalité en relation avec les autres, y compris celle de la sexualité. C'est *hot* et cela ne les engage à rien, ni pour le présent ni pour le futur.

? Que faire alors ?

Si votre adolescent expérimente la bisexualité, vous n'en saurez probablement rien. Si vous êtes au courant, il va sans dire que vous pouvez donner ouvertement votre opinion. Il est probable que vous ne considériez pas la bisexualité comme la source des relations les plus riches et les plus authentiques. Sur ce point, vos adolescents seront bien d'accord avec vous.

Si cette pratique ne vous offusque pas, c'est tant mieux, vous serez moins tourmentés. Si elle vous heurte moralement, vous pouvez le dire à votre enfant et lui donner brièvement vos raisons. Mais votre intervention n'aura peut-être pas l'effet dissuasif que vous recherchez. On peut certes s'inquiéter de l'aspect dépersonnalisé de ces relations, mais vous devez considérer cette pratique comme étant un effet de mode : éphémère, farfelu et probablement inoffensif. En somme, il y a peu à faire sinon attendre que ça passe. Souvenez-vous de cette génération qui choisissait de vivre en communauté, d'y avoir et d'y élever des enfants dans un contexte favorisant la liberté sexuelle et la consommation de drogues douces ! Chaque génération semble éprouver le besoin d'être anti-conformiste par rapport à la précédente, de pousser plus loin quelques limites morales, comme si les individus qui en sont les figures de proue avaient besoin d'expérimenter des extrêmes pour mieux se définir.

Contraception et mesures de protection sexuelle

Les méthodes contraceptives visent à empêcher l'avènement d'une grossesse non désirée. Elles sont nombreuses, mais il n'est pas de notre propos de les énumérer toutes et de nous y attarder. Mentionnons simplement qu'elles se répartissent en cinq grandes catégories, dont deux s'adressent aux hommes : l'utilisation de préservatifs ou condoms et la méthode de stérilisation permanente (bien que réversible) qu'est la vasectomie. Chez la femme, la stérilisation volontaire s'obtient par la ligature des trompes. Cette méthode, sauf de rares exceptions, ne s'applique évidemment pas aux adolescentes qui sont à l'aube de leur vie sexuelle active. Trois autres types de contraception s'offrent à elles. Elles peuvent opter pour la méthode hormonale dont la pilule anticonceptionnelle fait partie. Elles peuvent utiliser des produits agissant à titre de barrière chimique ou mécanique pour empêcher les spermatozoïdes de se frayer un chemin jusqu'à l'ovule, comme les spermicides, le diaphragme ou le stérilet. Elles peuvent également privilégier la bonne vieille méthode de l'observation du cycle menstruel, en prenant leur température tous les matins pour repérer la période d'ovulation, moment durant le mois où la femme est le plus féconde.

Mise à part l'abstention, une seule de ces méthodes contraceptives permet à ce jour une protection efficace contre les infections, les maladies transmissibles sexuellement (MTS) et le sida : l'utilisation du condom. Hormis le sida, qui demeure à ce jour une maladie mortelle, les microbes, bactéries et virus de toutes origines, s'ils sont contractés, peuvent être traités assez efficacement. Il faut cependant que les jeunes veuillent bien admettre qu'ils ont des symptômes et qu'ils aillent consulter. En général, l'inconfort est tel chez les filles qu'elles finissent par se rendre en clinique. Quant aux garçons, lorsqu'une partenaire leur annonce qu'elle a contracté une infection, il faut parfois insister pour qu'ils consultent, tout simplement parce qu'ils sont habituellement moins symptômatiques, donc moins ennuyés par la présence de la maladie sexuellement transmise.

Nous n'énumérerons pas ici toutes ces infections et MTS, leurs symptômes annonciateurs et leurs traitements. Plusieurs ouvrages très bien documentés sont disponibles en librairie, dans les cliniques médicales et sur Internet. Nous nous attarderons plutôt à l'utilisation que font les adolescents des méthodes contraceptives.

Les moyens contraceptifs et de protection sexuelle sont nombreux et il est facile de se les procurer. Or, les adolescents les utilisent encore peu. Cela s'explique notamment par le phénomène de la *pensée magique* qui les fait se considérer comme étant à l'abri des risques pour une multitude de raisons. Soit qu'ils prennent pour acquis les explications de leurs partenaires qui les encouragent à ne pas se protéger, soit qu'ils n'osent pas refuser une offre d'échange sexuel sans protection par peur d'offenser l'autre ou de passer pour un peureux. Le goût du risque, le comportement *thriller seeker* et surtout l'impulsivité adolescente sont souvent à l'origine d'un comportement irresponsable en matière de protection sexuelle.

Certains jeunes croient encore que la qualité de leur hygiène générale les protège de tout. D'autres sont convaincus qu'il est impossible de tomber enceinte lors de la première expérience sexuelle. La plupart des ados pensent que seulement les homosexuels, les transfusés et les toxicomanes risquent de contracter le sida. La presque totalité d'entre eux ne croient tout simplement pas qu'il s'agit d'une maladie mortelle à plus ou moins longue échéance. Selon eux, la tri-thérapie, dont ils ont vaguement entendu parler, guérit cette détestable maladie. À leur décharge, il faut dire qu'il y a quelque chose de profondément désolant à vivre dans un monde où la sexualité est associée au spectre de la mort. Vous n'avez pas connu une adolescence sur laquelle planait tel péril. Cette ombre mortifère a un impact certain sur la fantasmatique sexuelle des adolescents d'aujourd'hui.

? Que faire alors ?

S'ils ont reçu une éducation adéquate en matière de contraception et de protection sexuelle, vos enfants seront plus réalistes et plus objectifs. La possibilité est plus grande qu'ils se protègent, calculent et passent des tests de dépistage avant de s'engager dans des relations non protégées avec un nouveau partenaire. Mais toutes ces démarches sont contraignantes et vont à l'encontre du mouvement tout naturel qui pousse deux êtres qui s'aiment à s'unir sexuellement, au gré de leur impulsion. C'est là une réalité avec laquelle les adolescents d'aujourd'hui ont à composer, et dont ils se seraient bien passés.

Les jeunes ne sont pas responsables de l'existence des MTS et de l'arrivée du sida. Essayons de leur enseigner ce qu'ils doivent faire pour se protéger le mieux possible. Votre défi est de réussir à bien les informer sans pour autant les effrayer : ils ne doivent pas en venir à associer inconsciemment sexualité avec désagrément, irresponsabilité, maladie et mort. La sexualité devrait rimer plutôt avec plaisir, épanouissement, santé et vie.

Que faire, par ailleurs quant au coût des contraceptifs ? Des parents se demandent s'il leur revient de défrayer le coût des contraceptifs de leur fille, afin de s'assurer qu'elle en fasse usage et qu'elle se protège, entre autres choses, d'une éventuelle grossesse. Si vous le faites, votre adolescente peut l'interpréter comme si vous lui donniez la permission d'avoir des relations sexuelles. Il faut donc lui expliquer clairement ce qui sous-tend votre geste. L'argent nécessaire pour s'offrir une protection contraceptive n'est pas à la portée de toutes*. Si votre fille doit se trouver un petit boulot pour payer ces frais, vous devez conclure qu'elle aura forcément moins de temps pour étudier ou pour pratiquer une activité physique ou artistique.

Celles qui disposent d'une allocation hebdomadaire ou mensuelle préféreront peut-être s'acheter des vêtements ou des articles de maquillage et se retrouveront sans protection.

* Au Québec, il en coûte actuellement quelque 20 $ par mois pour l'achat des pilules anticonceptionnelles.

Le coût financier mais surtout psychologique d'un avortement ou d'une grossesse est indéniablement plus élevé. Si tel est aussi votre avis, vous devez en discuter avec votre fille, lui préciser que de contribuer à l'achat de ses contraceptifs ne signifie pas pour autant que vous acceptez qu'elle ait des relations sexuelles à son jeune âge. Dites-lui toutefois que vous préférez cela à la voir devenir enceinte, avec tout le cortège d'interventions physiques et de fragilisations psychologiques que cela entraîne.

Grossesse chez les adolescentes

Au Québec, environ une adolescente sur douze devient enceinte avant d'avoir franchi son 18e anniversaire*. Chaque année, on enregistre plus de 4 000 grossesses d'adolescentes et ce taux varie légèrement depuis 1993. C'est dans la grande région urbaine de Montréal qu'il est le plus élevé. En 1997, 167 jeunes mères avaient moins de 15 ans.

Les causes de grossesse non planifiée chez les adolescentes sont multiples. Nul ne peut expliquer avec précision pourquoi ces jeunes filles se retrouvent enceintes alors qu'elles sont encore elles-mêmes des enfants. Chacune a sa personnalité, son histoire familiale, ses écueils au plan du développement, ses désirs et ses aspirations. Il est possible que certaines cherchent par la maternité précoce une valorisation d'elles-mêmes, un espoir de reconnaissance de la part des autres. Il y a cependant une cause de grossesse bien identifiée : plusieurs jeunes filles deviennent malencontreusement enceintes lors de leur première relation sexuelle. Elles n'ont tout simplement pas recours à une méthode contraceptive. Comme on a dit

* ROCHON, Madeleine, démographe, ministère de la Santé et des Services sociaux du Québec. Données produites en 2003.

plus tôt, un mythe persiste chez les jeunes filles – et les jeunes garçons aussi – à l'effet qu'il est impossible de devenir enceinte lors de la première relation sexuelle. Certaines constatent même très tardivement le fait qu'elles sont enceintes, tout simplement parce qu'elles n'ont jamais envisagé que cela puisse leur arriver.

? Que faire alors… pour prévenir la grossesse chez votre fille ?

Il va de soi que tout parent désire d'abord prévenir la grossesse chez son adolescente. La seule façon de le faire est de l'informer adéquatement sur les situations à risque : la première relation sexuelle et certaines situations sociales qui peuvent mener, mine de rien, à un rapprochement sexuel ni anticipé ni souhaité : par exemple, une soirée entre amis où elle sera tentée de prendre un peu d'alcool ou de fumer quelques herbes illicites, par goût, par curiosité ou tout simplement pour faire comme tout le monde. Ce faisant, elle devient plus détendue, légèrement désinhibée et elle se montre alors vulnérable aux avances soutenues des garçons. Il peut s'agir aussi de ces multiples invitations à aller dormir chez une copine : d'autres jeunes peuvent y être conviés sans qu'elle le sache. Avec la promiscuité physique que ces nuits à l'extérieur du foyer familial favorisent inévitablement, votre fille peut se retrouver allongée près d'un garçon, lui-même plus sollicité qu'il le voudrait par sa libido débordante. Vous avez probablement vécu ce genre d'expériences ; on n'y est pas préparé, consciemment du moins, et les choses tournent ainsi en raison des pressions libidinales et sociales qui sévissent à cet âge. La surveillance parentale doit s'exercer dans ces occasions, sans être intrusive toutefois : tout un défi au bon jugement des parents !

Plusieurs parents préfèrent, avec raison, que leurs enfants se réunissent sous leur toit plutôt que n'importe où ailleurs. Cette situation offre l'avantage de savoir où ils sont et qui ils fréquentent. Idéalement, les jeunes doivent s'y sentir à l'aise et libres, tout en sachant fort bien quelles sont les limites que la maison impose en matière de consommation d'alcool ou de drogue, et jusqu'où les échanges sexuels sont tolérés. Les limites permises fluctuent selon les parents.

Il va sans dire qu'il faut faire confiance aux adolescents et que ceux-ci ont besoin de savoir que vous leur faites confiance. Cependant, plusieurs parents ont tendance à oublier que leur adolescent a tout autant besoin de sentir la présence d'un cadre parental qui, par définition, fixe des limites. Vos ados ne vous le diront pas, mais cela les rassure beaucoup. Ils peuvent protester, vous qualifier d'épithètes disgracieux ou blessants mais, pour plusieurs, ces limites imposées feront secrètement leur affaire : la fille n'aura pas à céder malgré elle aux avances d'un garçon ou encore à trouver des excuses pour justifier son refus d'obtempérer. Trop de parents, sous prétexte de se montrer ouverts, *cool* et permissifs, laissent tomber trop tôt leur vigilance ; ce passeport pour la liberté, qui autorise à faire la fête sans contrainte, engendre parfois des conséquences beaucoup moins réjouissantes.

Que faire alors... si votre fille devient enceinte ?

La plupart des adolescentes enceintes tiennent à prendre elles-mêmes leur décision quant à l'issue de leur grossesse. Et elles ont raison. Cela n'implique pas pour autant qu'elles n'ont pas besoin de conseils. De la part de ses parents, la jeune fille enceinte s'attend le plus souvent à une présence soutenante et à une disponibilité d'écoute pour la guider dans son choix, et non à ce qu'ils prennent la décision à sa place. D'ailleurs au Québec actuellement, d'un point de vue strictement légal, une adolescente a le droit de décider seule de l'avenir de l'enfant qu'elle porte dès l'âge de 14 ans.

Quand elles découvrent qu'elles sont enceintes, les adolescentes réagissent de diverses façons. Ces réactions sont souvent accentuées par l'impact du branle-bas hormonal que la grossesse induit. Certaines pleurent toutes les larmes de leur corps, alors que d'autres n'y voient d'abord rien de plus qu'une erreur de jeunesse.

Si une adolescente choisit de garder l'enfant – moins de 5 % des accouchements par année au Québec sont le fait de jeunes femmes de moins de 19 ans –, elle peut être accueillie avec son bébé dans un centre pour filles-mères. Dans certains de ces centres, elle peut y poursuivre sa scolarité pendant que le bébé est confié sur place à un service de garde. On lui enseigne les soins à donner à l'enfant et les façons de le stimuler. Quant aux intervenantes, elles se soucient de la qualité du cadre affectif dans lequel évoluent la jeune mère et son enfant. Plusieurs adolescentes choisissent toutefois de demeurer chez leurs parents. Elles bénéficient ainsi du soutien financier et pratique qu'une famille peut offrir. Mais elles doivent être conscientes qu'en gardant l'enfant, elles choisissent aussi de modifier irrémédiablement le cours de leur vie. Elles feront face à des responsabilités très lourdes pour lesquelles elles auront sans doute besoin du soutien de leurs propres parents.

Et **si l'adolescente choisit l'avortement ?** Au Canada, l'avortement à des fins thérapeutiques est permis depuis mai 1969, date à laquelle le gouvernement a amendé le code criminel. Depuis, de nombreux centres hospitaliers, cliniques privées et CLSC disposent de ce service. Au Québec seulement, on compte une cinquantaine d'établissements qui offrent l'avortement thérapeutique. Ainsi, des ressources sont disponibles – même pour les mineures – afin de mettre fin à des grossesses de moins de dix semaines.

Les avortements au cours du deuxième trimestre de grossesse sont parfois plus compliqués à obtenir parce qu'ils sont plus risqués pour la santé de la mère et parce qu'ils nécessitent l'utilisation d'un appareillage médical plus complexe et plus sophistiqué. Mentionnons qu'en clinique privée, des frais sont bien sûr associés à une interruption volontaire de grossesse et qu'ils varient selon le stade de gestation*. Beaucoup d'avortements d'adolescentes se font dans le secteur public où c'est gratuit. Les parents de l'adolescente n'en sont pas toujours informés puisque cette dernière a droit à la confidentialité de l'intervention dès l'âge de 14 ans**.

L'avortement : un deuil inévitable à traverser

Lorsqu'une adolescente est reçue en clinique d'interruption de grossesse, un processus est mis en place pour s'assurer qu'elle a bien mûri sa décision. Plusieurs cliniques offrent plus d'un rendez-vous avant de procéder à l'avortement. On expliquera à votre fille la procédure de l'avortement, on l'informera des suites, à la fois médicales et psychologiques auxquelles elle

* Entre 200 $ et 600 $ à l'heure actuelle.

** Dans l'ensemble du Québec, 74 % des adolescentes enceintes demandent un avortement. Un facteur social expliquerait que la région de Montréal compte un pourcentage plus élevé d'interruptions volontaires de grossesse : l'immigration. Dans certaines populations immigrantes, le recours à la contraception est mal vu, voire interdit, ou n'est tout simplement pas dans les mœurs.

doit s'attendre, et on la sensibilisera au fait que l'avortement ne constitue pas en soi une méthode contraceptive. L'expérience clinique a démontré que certaines adolescentes moins réfléchies ne deviennent pas plus responsables après un avortement. Elles se disent que si jamais elles retombent enceintes, elles se feront tout simplement avorter une autre fois. Après quelques avortements, le risque d'induire une stérilité est élevé et bien réel. Sans compter qu'à chaque avortement il y a un travail de deuil à faire concernant cet embryon d'être humain qu'elles ont bel et bien porté en elles.

Il ne s'agit pas d'un deuil comparable à celui de la perte d'un être cher puisque cet enfant est demeuré un inconnu dans la réalité. Ce deuil comporte tout de même un sentiment de perte plus ou moins intense, perte de l'enfant à venir et souvent déjà plusieurs fois imaginé, perte de la maternité, de l'attention de l'entourage, etc. Toutes les adolescentes qui vivent un avortement – volontaire ou spontané – traversent un processus de deuil qui évolue dans les mois suivants.

? Que faire alors ?

Des études cliniques soutiennent que l'intensité du deuil sera proportionnelle au degré d'anxiété précédant l'avortement : plus l'adolescente est déprimée et vit des émotions négatives, plus le deuil risque d'être intense. La réaction de tristesse peut être franche et forte, mais elle peut aussi se traduire par de l'agitation, de l'irritabilité et des problèmes de comportement le plus souvent transitoires. Cet état ne conduit pas nécessairement à une dépression proprement dite. Si votre fille doit vivre une interruption de grossesse, elle aura besoin de votre soutien parental avant, peut-être pendant et beaucoup après cette expérience. Il vous faut garder à l'esprit qu'un avortement, ou une fausse couche, induisent un chambardement hormonal non négligeable et que, par conséquent, l'humeur de votre enfant valsera au rythme du réaménagement métabolique et émotif qu'elle traversera.

Et les jeunes pères dans tout cela?

La documentation et les données cliniques s'attardent peu à la place des jeunes pères dans tout cela. Sauf de très rares exceptions, les garçons n'entretiennent aucun projet d'enfant et ils disparaissent souvent du décor une fois la grossesse révélée. Ils se fient à la fille en matière de contraception et la tiennent presque toujours responsable de cette grossesse non planifiée. Ils sont déstabilisés eux aussi et plusieurs entretiennent des remords qu'ils n'avoueront que plus tard et du bout des lèvres. Certains, encore minoritaires cependant, offrent d'accompagner leur copine lors de l'avortement. Ce geste est très significatif pour la jeune mère : les sentiments négatifs, qu'il s'agisse de honte ou de culpabilité, de même que l'amorce du processus de deuil se vivent alors ouvertement à deux et sont donc moins lourds à porter pour elle. Il convient d'encourager votre fils dans une telle démarche, d'autant qu'il s'en trouvera davantage responsabilisé.

Il est rare qu'une relation amoureuse à l'adolescence survive à un avortement et encore moins à la venue d'un enfant. Les études démontrent que, dans la majorité des cas, les pères adolescents quittent la mère pendant la grossesse ou au plus tard durant les deux années suivant la naissance. Les mères adolescentes se chargent de toutes les responsabilités liées à la venue du bébé. Il importe de préciser que moins du quart des pères d'enfants de mères adolescentes sont eux-mêmes adolescents, les trois quarts étant donc des adultes. Par ailleurs, même s'ils souhaitent s'impliquer davantage, les jeunes pères doivent souvent affronter la colère et le rejet de la famille de l'adolescente. De plus, certaines jeunes mères, plus carencées sur le plan émotif, peuvent choisir de faire un enfant pour combler un manque affectif. Dans ces circonstances, elles tolèrent difficilement la présence du père de l'enfant à leurs côtés.

La paternité, tout comme la maternité, sont des réalités complexes et exigeantes. Ces nouveaux statuts demandent beaucoup de maturité et dépendent de l'achèvement du développement personnel et social de chaque individu, peu importe son âge. Devenir parent à l'adolescence provoque une crise d'identité significative. Cette crise peut très bien se résoudre éventuellement, mais il est rare que le couple parental y survive. La qualité des liens que les adolescents ont développés dans leur famille d'origine avec chacun de ses membres, et de manière plus significative avec leurs parents, sera pour une large part garante de leur réussite à devenir parents à leur tour.

Chapitre 3

Les transformations sur le plan relationnel

Toutes les transformations du corps à l'adolescence amènent beaucoup de questionnements et d'implications psychologiques qui se répercutent inévitablement sur les relations avec les autres.

Cette poussée du développement incite les adolescents à redéfinir les liens qui les unissent à leurs premiers objets d'amour, leurs parents, et à leur fratrie. Ils cherchent à se distancier d'eux pour mieux se définir en tant qu'individus autonomes. Ils compensent en créant des liens nouveaux avec des jeunes de leur âge qui deviennent, en apparence, leur première source de référence en matière d'attitudes et de comportements quotidiens.

Pour les jeunes, s'éloigner physiquement et surtout psychologiquement de la famille ne signifie pas la rejeter de manière définitive. Des études démontrent que la plupart des adolescents adoptent finalement les valeurs familiales fondamentales, contrairement à ce qu'ils prétendent souvent. En tant que parent, il faut apprendre à tolérer ce détachement temporaire de même que les critiques parfois blessantes et acerbes qui l'accompagnent, car on peut être assuré que notre jeune ne s'éloigne pas à tout jamais. Il négocie, à la faveur des changements qui l'habitent, une nouvelle manière d'être en relation avec les personnes significatives pour lui, tentant de trouver une voie qui concilie ses attachements passés et ses besoins relationnels nouveaux. Une fois de plus, malgré les apparences, il aura besoin de vous pour y arriver. Il aura besoin de votre soutien patient qu'il voudra tantôt distant, tantôt intense, et il souhaitera que vous soyez toujours disponible en cas de nécessité.

La famille

Dans la turbulence de l'adolescence qui remue les fondements mêmes de la personnalité de votre enfant, qui induit des humeurs changeantes et qui suscite des comportements nouveaux et déstabilisants, la famille demeure son point d'ancrage principal. *Ne l'oubliez jamais*. Votre enfant y a noué ses premières amarres relationnelles et, même si la tempête pubertaire fait rage, même s'il secoue lui-même les cordages qui le retiennent et le ramènent au quai, son besoin de stabilité, de cette terre ferme que symbolise la famille, est tout aussi important et nécessaire que son goût de s'aventurer au loin, de voguer vers des lieux inconnus et idéalisés, promesses de rencontres nouvelles.

Malgré les mutations profondes qui affectent l'évolution de la structure familiale en Occident depuis quelques décennies, malgré les alternatives à la famille nucléaire traditionnelle, le maintien du lien d'attachement aux parents et à la fratrie s'avère de première importance pour traverser au mieux cette phase du développement parfois houleuse.

Au Québec, près de 70 % des enfants et des adolescents vivent avec leur famille d'origine. Ce taux est inférieur dans les grandes régions métropolitaines. Monoparentalité, garde partagée, famille reconstituée, autant de formules familiales récentes qui peuvent, quoi qu'on en pense à première vue, se révéler des aventures heureuses, bien qu'imparfaites. Mais quelle famille peut prétendre atteindre la perfection, répondre à tous les besoins affectifs et relationnels de ses membres ? Aucune sans doute. Ce modèle familial, qui date de plus d'un siècle, s'impose toutefois comme la référence essentielle, attestant que la formule, y compris ses variations récentes, demeure le lieu par excellence où le petit de l'homme peut se développer de façon optimale. Et c'est la qualité et la variété des liens d'attachement qu'on y développe qui en est le principal moteur.

Le lien d'attachement

La théorie de l'attachement est née lentement, il y a un peu plus de cinquante ans, à partir de l'observation clinique de très jeunes enfants et d'adolescents délinquants. Des psychologues, psychiatres et psychanalystes des années 40 et 50, tels John Bowlby, Mary Ainsworth, Margaret Mahler et, plus récemment, Boris Cyrulnik, se sont attardés à en décrire l'évolution, de la naissance jusqu'à l'âge adulte.

Définition du lien d'attachement

Le lien d'attachement est le fruit d'une relation affective stable entre l'enfant et ses parents d'abord, puis avec toute autre personne significative (un grand-parent, une marraine, une gardienne, etc.). L'enfant grandit et se construit en se sentant plus ou moins en sécurité, selon la manière dont l'adulte significatif répond à ses besoins. Plus il se sent en sécurité, plus il explore avec confiance son environnement en quête de nouvelles expériences et de nouveaux savoirs.

La première figure d'attachement de l'enfant dans la plupart des sociétés demeure la mère. Toute éventualité de rupture avec elle entraîne une réaction parfois intense d'inquiétude, de tristesse et de colère. Les conditions de séparation puis de retrouvailles avec cette dernière sont donc déterminantes quant au sentiment de sécurité ou d'insécurité que le très jeune enfant éprouve face à lui-même et au monde extérieur. Le bambin a besoin de savoir et d'éprouver qu'il peut compter sur quelqu'un pour l'aider à affronter des situations nouvelles potentiellement dangereuses ou anxiogènes.

Entre les âges de 18 et 36 mois, l'enfant expérimente une phase dite de *séparation-individuation* où alternent des moments d'éloignement et de rapprochement avec la mère. Si sa curiosité du monde le pousse à s'éloigner d'elle, son besoin d'être rassuré l'incite à retourner vers elle, parce qu'elle représente son pôle d'attachement : il revient y faire le plein de gratifications affectives sécurisantes qui lui permettront à nouveau de s'éloigner d'elle, pour mieux revenir et ainsi de suite. Ce jeu relationnel fondé sur la répétition d'interactions positives ou négatives conduit l'enfant à se représenter le monde à l'image de ces interactions. De plus, il favorise ou non l'acquisition d'un sentiment de sécurité de base, le développement d'une bonne estime de soi, d'un moi fort et d'une activité psychique élaborée. Au gré de cette évolution, les capacités intellectuelles, affectives et relationnelles de l'enfant s'épanouissent, et il gagne alors en autonomie et en maîtrise sur son environnement. Cette capacité d'attachement s'étendra progressivement au père, puis à la fratrie.

Les métamorphoses du lien d'attachement à l'adolescence

La qualité de l'attachement aux membres de la famille contribue à l'édification d'une personnalité solide et définie de l'enfant. Un psychologue américain des années 70, Peter Blos, a mis en évidence que la dynamique relationnelle qui se joue durant les trois premières années de la vie est reprise au début de l'adolescence. Il a décrit ce moment comme étant le *second processus de séparation-individuation*. Le jeune adolescent, pour des motifs comparables à ce qu'il a vécu durant les premières années de sa vie, souhaite s'éloigner de l'environnement familial. Cette fois-ci, il désire voir et expérimenter davantage ce que le monde extérieur a à lui offrir : les sorties entre amis, un boulot de fin de semaine, un engagement plus soutenu dans une activité sportive ou artistique, etc. Il y a donc aussi, en début d'adolescence, cette alternance entre éloignement et rapprochement, un nouveau mouvement de *séparation* et d'*individuation* et ce, pour les mêmes motifs de recherche de valorisation et de sécurité que jadis.

Ces besoins s'expriment bien sûr de manière différente. Il est essentiel d'offrir à votre adolescent la même souplesse et le même encadrement qu'il a reçus lorsqu'il était tout petit. Il se sentira ainsi autorisé à s'éloigner pour réaliser de nouveaux apprentissages tout en profitant du sentiment rassurant d'avoir toujours la possibilité de revenir vers son point d'ancrage et d'attachement premier : sa maison et sa famille. Ses parents dresseront des limites contre lesquelles il protestera mais qui seront ô combien sécurisantes pour lui.

Que faire alors ?

En pratique, pour favoriser ce mouvement de séparation et d'individuation, vous pouvez prolonger les heures de sorties, accepter qu'il aille plus loin et plus souvent avec ses amis. Tout en assouplissant et en élargissant les règles qui convenaient à un garçon ou à une fille de 10 ou 12 ans, vous maintenez fermement des exigences concernant notamment les heures de rentrée et le nombre de sorties en soirée par semaine.

L'éloignement et la prise d'autonomie de votre enfant doit se faire progressivement. Il a besoin de savoir que vous veillez au grain. Élargir le cadre ne doit en aucun temps signifier qu'on le supprime. Ce besoin d'encadrement fluctue d'un adolescent à l'autre; cela est également vrai pour les enfants d'une même famille, qui ont des personnalités différentes et donc des besoins différents. Quoi qu'il en soit, tous les ados ressentent la nécessité de revenir vers leur pôle d'attachement premier pour continuer à grandir de manière sécurisante. Maintenir quelques repas en famille durant la semaine peut bien innocemment contribuer à combler ce besoin.

Par ailleurs, l'accès à l'autonomie affective suppose que l'adolescent fasse le deuil de la dépendance infantile, ce qui déclenche de manière variable et passagère une humeur dépressive, des sentiments de détresse et de culpabilité. Citons à titre d'exemple toute l'ambivalence de Catherine, 13 ans, qui quelques heures avant son départ pour un camp d'été se trouve devant un dilemme apparemment insoluble. Toute fébrile, elle le soumet à son père: « J'ai un gros problème avec le camp: dois-je y apporter le lapin que m'a fait mamie quand j'étais petite ou ma poupée Giroflée ? » Soulagé que sa fille veuille toujours aller au camp, mais étonné qu'elle soit encore si attachée à sa poupée et à son lapin, son père lui répond que l'un ou l'autre peut l'accompagner. Ainsi, malgré ses 13 ans, devant la perspective de s'éloigner du milieu familial pour une longue période, Catherine a besoin d'apporter avec elle un objet transitionnel qui lui rappelle la chaleur sécurisante de son milieu familial. Avec cet objet dans ses bagages, elle trouve le courage de faire face à une nouvelle expérience.

Ce désir d'autonomie peut cependant devenir l'objet de plusieurs prises de bec avec votre adolescent, et même d'affrontements. Vous vous demandez si vous êtes plus sévère que la moyenne des parents de votre génération et si vous ne risquez pas de briser définitivement le lien avec votre jeune. Vous craignez qu'il soit en train de se détacher vraiment, de mettre un terme intérieurement à tout ce qui vous lie depuis sa plus tendre enfance. Quant à la réaction de votre ado, il se peut qu'il rouspète fort, qu'il vous traite de parent rétrograde qui ne cherche qu'à l'embêter. Il y a fort à parier qu'il éprouve autre chose dans son for intérieur : il ressent que vous tenez à lui, que vous vous souciez de sa sécurité et de son bien-être. La prise d'autonomie à l'adolescence prend les allures d'un détachement. Dans les faits, plus votre lien d'attachement est fort, moins il est menacé par ces crises de revendication d'indépendance, si puissantes soient-elles.

Au début de l'adolescence, le jeune revit non seulement le processus de *séparation-individuation* qui l'incite à prendre une distance physique et psychologique de ses parents, mais il expérimente aussi la réédition du fameux complexe d'Œdipe.

Le complexe d'Œdipe

Le complexe d'Œdipe se vit entre les âges de trois et six ans. Il renvoie au développement d'un sentiment amoureux pour le parent du sexe opposé et, concurremment, à des manifestations de rivalité et de jalousie à l'égard du parent du même sexe.

Nous avons tous été témoins de la demande en mariage d'une fillette de quatre ans à son père ou de la déclaration d'amour d'un bambin à sa mère ! C'est là l'expression manifeste des désirs œdipiens, désirs qui sont d'abord inconscients et qui se jouent avant tout sur la scène psychique. Au-delà de ces manifestations quasi théâtrales du complexe d'Œdipe, son influence se retrouve dans plusieurs gestes quotidiens de l'enfant : préférer s'asseoir sur le parent du sexe opposé, lui offrir les plus beaux dessins ou demander à dormir avec lui. La rivalité et la jalousie à l'égard du parent de même sexe peut se traduire par des colères, déclenchées pour un rien ; par exemple, refuser qu'il l'accompagne au coucher ou qu'il choisisse le vêtement à porter. Dans ces moments-là, ce que la mère propose à sa fillette lui déplaît souvent : c'est papa qui l'aide, l'accompagne, la berce ! La même dynamique se retrouve dans la relation du garçon à son père.

L'amour et la complicité qui unissent les deux parents sont généralement suffisants pour que l'enfant saisisse qu'il ne lui sera pas profitable de trop s'immiscer entre ces deux-là. Le jeune enfant ressent d'ailleurs une certaine crainte de la réaction du parent du même sexe. De son point de vue, ce parent pourrait se fâcher contre lui à cause de la rivalité qui s'installe entre eux, du fait qu'ils se disputent le même amoureux ! Par contre, le garçon ou la fillette se sent fréquemment coupable de son désir amoureux envers le parent de l'autre sexe, car il aime profondément aussi l'autre parent, et il ne veut pas lui causer du chagrin ou des embêtements. Il choisit alors de renoncer progressivement à cette histoire d'amour impossible et préserve ainsi son amour intact pour ses deux parents.

Ainsi dégagé de cette problématique œdipienne, l'enfant poursuit son évolution. Il entre alors dans la phase subséquente de son développement, la phase dite de *latence* qui se situe entre six et douze ans. Durant cette période de latence, le sentiment amoureux pour le parent du sexe opposé est délaissé ou plus précisément refoulé. Il resurgira plus tard, au cours de l'adolescence. Ce désir ne visera plus le parent du sexe opposé toutefois ; il se déplacera et l'adolescent orientera son choix vers un inconnu qui deviendra un éventuel partenaire amoureux. Voilà comment le passage et la résolution du complexe d'Œdipe jouent un rôle fondamental dans la structuration de la personnalité et dans l'orientation du désir humain.

Comment le complexe d'Œdipe se revit-il à l'adolescence ?

Il est certain qu'à l'adolescence, votre enfant ne vous fait pas en toute innocence une proposition d'épousailles ! Comment se traduit alors cette problématique œdipienne, si inconsciente soit-elle, dans les échanges quotidiens parents-adolescent ? Dans un rapprochement et une affectueuse complicité entre une mère et son fils, entre un père et sa fille. Comme c'était le cas chez le jeune enfant, ce mouvement peut s'accompagner de son corollaire, c'est-à-dire des sentiments plus négatifs, chargés de tension, d'incompréhension et d'insatisfaction envers le parent du même sexe.

Notez que peu d'adolescents s'engagent de manière aussi absolue dans l'un ou l'autre de ces mouvements qui caractérisent l'Œdipe, mais cette dynamique relationnelle se retrouve à des degrés divers chez chacun. C'est un phénomène normal ! Rejouer l'Œdipe à l'adolescence comporte toutefois, au plan inconscient, un facteur de risque supplémentaire : contrairement à l'enfant de trois ou cinq ans, l'adolescent possède un corps plus mature et, par conséquent, capable de s'engager dans des rapports sexuels actifs. Nous faisons référence ici à des désirs inconscients et non à une intention réelle et consciente d'entretenir une relation sexuelle avec l'un de ses parents. Mais puisque c'est là la finalité de toute dynamique complète de séduction, l'inconscient de l'adolescent le ressent et en éprouve une anxiété. Celle-ci s'avère finalement bénéfique et structurante car elle l'incite à déplacer l'élan œdipien qui sommeille depuis quelques années dans sa psyché sur quelqu'un d'autre que son parent, une personne de son âge en général. L'adolescent éprouve alors pour la deuxième fois de sa vie la griserie du sentiment amoureux et cette fois, il est dégagé de toute culpabilité à l'endroit du parent du même sexe. La voie est libre, il n'y a plus de compétiteur troublant en vue !

Les individus qui n'ont pas résolu leur Œdipe lors de son expression initiale durant la petite enfance auront tendance à se retrouver dans des situations amoureuses qui comptent toujours une tierce personne. C'est ce qu'on appelle le *triangle amoureux*. Certains de ces individus ne peuvent s'empêcher de rechercher des situations où la personne convoitée est déjà engagée avec quelqu'un d'autre... à l'image de ce qu'ils vivaient, à l'âge œdipien, par rapport à leurs parents !

*Quand le parent ne joue pas son rôle d'*interdit œdipien...

Pour que le complexe d'Œdipe demeure dans un registre de normalité et favorise l'épanouissement amoureux et sexuel futur de votre enfant, il faut en respecter le cours normal et éviter à tout prix, en tant que parent, de se proposer comme séducteur ou comme modèle de sex-appeal idéal. Certains parents, bien inconsciemment et en raison des vicissitudes de leur propre vécu œdipien, s'engagent parfois dans pareil jeu avec leur enfant. D'autres, trouvant difficile de le voir grandir et s'éloigner d'eux, lui font miroiter que seule sa mère – ou son père – peut le rendre véritablement heureux, répondre à tous ses besoins, deviner et réaliser tous ses désirs. Il s'agit là aussi d'un comportement séducteur.

Un ouvrage récent de Valérie Colin-Simard* évoque des contextes père-fille qui peuvent être interprétés comme des

* Colin-Simard, Valérie. *Pères d'aujourd'hui, filles de demain*. Paris : Éditions Anne Carrière, 2003.

incestes psychologiques. Loin de ne plus s'impliquer suffisamment auprès de leur progéniture et particulièrement auprès de leurs filles, des pères se proposent dorénavant comme le compagnon, le partenaire idéal pour elles, allant parfois jusqu'à leur dire qu'ils seront leur seul amour. Cette attitude, qui sévit parfois durant des années, est immature et pathologique dans certains cas. Comme cet ouvrage le souligne si bien, la plus belle façon pour un père de favoriser l'épanouissement personnel de sa fille en tant que femme est d'aimer tendrement et de façon authentique sa mère (ou une autre conjointe). Témoin de cette belle histoire d'amour, elle saura qu'à son tour elle pourra vivre une relation amoureuse aussi sereine et épanouissante.

Il faut préciser que ces attitudes parentales, que bien des mères peuvent aussi adopter, ne procèdent pas d'une mauvaise intention au départ. S'il est bien connu que de nombreux pères réagissent comme des amoureux éconduits, avec jalousie, lorsque leur fille fréquente son premier copain, la plupart d'entre eux s'en remettent après quelques jours ou quelques mois… de bougonnement. Leur compagne de vie, qu'elle soit ou non la mère de leurs enfants, doit leur venir en aide, les inciter délicatement à réfléchir à leur réaction de frustration. Ces réactions demeurent tout de même dans un registre de normalité. Elles impliquent aussi le réflexe de protéger leur fille, ce qui est tout à leur honneur, à condition que cela ne serve pas d'écran à un sentiment de rivalité blessé.

Inutile de préciser ici qu'un père vulnérable, pervers ou carrément délinquant, qui va jusqu'à commettre l'inceste avec son adolescente, fait passer sur la scène consciente et réelle un geste qui devait rester non agi. Cette transgression du tabou de l'inceste cause une effraction traumatique non seulement dans le corps, mais aussi dans le monde intra-psychique de sa fille. Ce traumatisme déstructurant ne se répare jamais complètement, malgré des heures de psychothérapie. L'inceste mère-fils, plus rare, est réputé cliniquement plus dommageable que son pendant père-fille.

Relation avec la fratrie: Œdipe, la suite...

Pour l'adolescent aux prises avec la dynamique œdipienne, il peut être accommodant de la déplacer inconsciemment, et par mesure de protection, sur un frère ou sur une sœur aîné. En raison de la charge libidinale nouvelle que porte la réédition œdipienne adolescente, cette stratégie défensive, appelée *déplacement,* est en quelque sorte une manière moins compromettante de laisser la pulsion s'exprimer, tout en permettant à l'adolescent de garder intacte sa relation avec chacun de ses parents. Cette réalité n'est pas toujours bien accueillie par l'aîné qui se trouve souvent embêté par l'affection et l'admiration que lui porte son cadet.

Au-delà des relations qui puisent leur dynamique dans la problématique œdipienne, la constellation fraternelle favorise l'existence de liens multiples, avec des personnes d'âge et de sexe différents. Les aînés introduisent leur fratrie dans l'univers où elle évoluera prochainement. Sans s'en rendre compte, les aînés agissent souvent comme pôle d'attraction et de soutien identificatoire, car ils pratiquent déjà des activités de grands. Ils ont l'avantage supplémentaire d'être plus près du monde de l'enfance que de celui des adultes.

Si votre adolescent se trouve dans une telle relation avec des aînés (issus parfois d'une précédente union de l'un des conjoints), il se peut qu'il trouve auprès d'eux plusieurs réponses à ses questions, ne serait-ce qu'en les observant. Il est possible que les aînés sachent avant vous que certains tracas affligent votre adolescent. Ils ne doivent pas penser qu'ils ont à tout prendre sur eux. Toutefois, pour ce qui est des petits embarras du quotidien, ils peuvent se révéler d'un soutien et d'un secours appréciable, tout autant pour vous-même que pour votre jeune adolescent.

D'autre part, si votre adolescent est l'aîné de la famille, il devient le point de mire des plus jeunes. Même s'il parvient à y trouver quelques gratifications, il s'en trouvera agacé si la marmaille est trop souvent à ses trousses. Des conflits sont fréquents entre l'aîné qui veut la paix et les plus jeunes qui se meurent d'envie de partager les activités de ce dernier : se retrouver dans la même pièce que lui afin de l'observer et d'apprendre à tous les points de vue, découvrir de quoi il discute avec ses amis, quelle est la musique qu'il écoute, comment il s'y prend pour embrasser sa copine ? etc. Le plus souvent et malgré les apparences, ces adolescents aînés ne cessent pas d'aimer leurs cadets. Ils sont seulement trop pris par leurs propres histoires, leur style à définir, leur autonomie à gagner, pour qu'il leur reste temps et énergie à consacrer aux plus jeunes. Et cela, au grand dam de ces derniers qui se sentent délaissés et parfois rejetés par leurs aînés.

Que faire alors ?

Vous serez appelé, en ce qui concerne les relations entre vos jeunes d'âges différents, à jouer l'arbitre entre des enfants que vous aimez et que vous comprenez autant l'un que l'autre. L'aîné a droit à son nouveau monde et il en a besoin sur le plan du développement alors que le plus jeune ne peut encore imaginer ce que vit son grand frère ou sa grande sœur et est aux prises avec son chagrin de voir cet aîné s'éloigner de lui. Il s'agit d'une situation familiale tout à fait normale. Au mieux, chacun développera une certaine tolérance par rapport au vécu de l'autre. Rétrospectivement, vous trouverez bien éphémère cette période de tiraillements fraternels qui font vivre à vos enfants un aperçu des tensions et des négociations auxquelles ils auront à faire face pour vivre en société.

Les parents en tant que figures d'autorité : de la dépendance infantile à l'émancipation de la tutelle parentale

Se détacher du passé pour s'engager dans un futur attrayant mais incertain demande d'abord que le nouvel adolescent quitte le confort douillet et rassurant de la dépendance infantile. On a beau dire, il y a d'importantes gratifications à rester petit ! Pas de souci d'argent, les repas sont préparés, le lit est fait, les vêtements sont lavés, des activités variées sont planifiées, etc. Mais en revanche, il faut se soumettre à certaines exigences parentales.

Ce désir d'émancipation ne surgit pas du jour au lendemain. Les aménagements familiaux initiés depuis les tout premiers jours de sa vie pavent la voie à l'autonomie de votre enfant. Toute l'éducation que vous lui dispensez vise à le rendre de plus en plus autonome afin qu'il puisse un jour assumer seul les responsabilités de l'existence. Toutefois, c'est à l'adolescence que s'exprime la revendication la plus criante pour s'affranchir de la surveillance parentale. Cette étape est vue comme une tâche universelle de l'adolescence. Le temps qui s'écoule entre le début de l'émancipation de la tutelle parentale et l'acquisition du statut d'adulte est plus ou moins long, suivant les sociétés. Dans le monde occidental, ce processus s'étend sur quelques années et il est souvent marqué par des périodes de conflits et d'affrontements parent-enfant plus ou moins intenses.

Que faire alors ?

Lorsqu'il est question de dépendance et d'émancipation à l'adolescence, il faut bien se rappeler que la famille demeure le point d'ancrage principal de l'enfant. Il ne s'agit pas d'une simple question d'attachement affectueux. Les jeunes ont absolument besoin que leurs parents demeurent des parents. Ils ne veulent pas qu'au moment de l'adolescence, leur parent se transforme en ami ou en bon copain. Il n'y a pas plus insécurisant pour un adolescent, et plus piégeant pour un parent, que de proposer à son enfant de faire la tournée des bars avec lui, de partager son joint de marijuana ou de l'amener dans des établissements où se produisent des effeuilleuses. Et tout cela sous prétexte de l'accompagner dans cette initiation au monde des adultes.

Le parent doit rester à sa place de parent et jouer son rôle de parent, quitte à vivre des tensions relationnelles avec son adolescent. Évidemment vous ajusterez votre comportement et vos exigences disciplinaires au fait que votre enfant vieillit et qu'il a besoin de plus de latitude qu'auparavant pour exercer son autonomie. En revanche, l'adolescent doit lui aussi assumer des responsabilités supplémentaires : l'entretien de sa chambre à coucher, la gestion de son petit budget en fonction d'allocations hebdomadaires ou mensuelles, la nécessité pour sa sécurité et votre tranquillité de se rapporter lorsqu'il modifie son heure de rentrée ou sa destination de sortie, etc. Il est impératif que vous mainteniez un encadrement dans la vie quotidienne de votre adolescent. Entre 13 et 18 ans, il gagnera de plus en plus en maturité et vous pourrez réduire votre gouverne parentale au rythme de son développement.

Que faire de ses revendications pour plus de liberté sexuelle ?

Au-delà de la gestion du quotidien, celle de la vie sexuelle des adolescents pose de plus en plus de problèmes aux parents d'aujourd'hui.

Peut-on leur interdire d'avoir des relations sexuelles avant un âge donné ? Interdire est généralement peu rentable lorsqu'il s'agit de sexualité. Vous ne pouvez pas suivre votre adolescent à la trace et il suffit parfois d'interdire pour qu'il fasse exactement le contraire de ce que vous lui dites, en raison des tendances oppositionnelles adolescentes et de l'impression qu'il se donne de s'affranchir de votre autorité parentale. Vous pouvez cependant discuter et déterminer avec lui certaines règles concernant les échanges sexuels qu'il aura sous votre toit.

De nos jours, parce qu'ils considèrent que leur jeune a déjà choisi d'avoir des rapports sexuels complets et qu'ils ne peuvent rien y faire, plusieurs parents préfèrent que cela se passe à la maison plutôt que dans un endroit inconnu et malfamé. Cette position est certes logique, mais il faut prendre garde à la façon de formuler votre consentement. Votre adolescent ne doit pas comprendre que vous souhaitez qu'il ait des relations sexuelles et que vous lui en offrez l'opportunité. Il ne faut pas qu'il entende que vous le *souhaitez*, mais bien qu'il s'agit d'un aménagement de circonstances auxquelles vous consentez, considérant que vous ne pouvez rien faire pour infléchir le cours de sa vie intime. Évidemment, l'âge est un facteur important : si votre ado a 17 ans, vous serez peut-être moins hésitant que si elle n'a que 13 ans, et pour cause !

Vous pouvez aussi refuser que les échanges sexuels se passent sous votre toit. Votre jeune aura à respecter votre volonté puisqu'il s'agit de votre maison. Il est souhaitable que vous lui exposiez clairement et calmement votre refus en mettant de préférence l'accent sur vos valeurs morales, religieuses ou autres, plutôt que sur vos arguments en défaveur de son comportement. À cette époque de la vie, le concept de liberté de choix est un leitmotiv puissant pour de nombreux adolescents. Si votre refus se base sur cette liberté de choix que vous revendiquez pour vous-même, votre enfant peut plus difficilement le discréditer et passer outre.

Toutefois, beaucoup d'adolescents ne demandent pas de permission : ils agissent. Vous devez réagir si vous n'êtes pas à l'aise avec ses comportements dans votre maison. Ayant l'intuition que les parents ne seront pas d'accord, certains s'abstiennent de demander et choisissent un autre lieu pour vivre leur intimité. Si les parents du copain ou de la copine acceptent aisément des pratiques sexuelles à leur domicile, vous n'y pouvez rien. Vous n'irez tout de même pas réglementer les choix de vie d'une autre famille ! Il vous faut donc envisager que votre enfant préfère s'y retrouver, pour un temps du moins, si ses « beaux-parents » se montrent plus accueillants. En conséquence, vous risquez de voir votre jeune moins souvent parce qu'il passera plus de temps chez son copain ou sa copine. Même s'il vous en veut de ne pas tolérer que son amie dorme avec lui chez vous, il constatera que vous avez des principes et que vous les appliquez. Par contre, si votre refus est uniquement fondé sur une négation obstinée de la transformation des mœurs de notre société, des affrontements avec votre adolescent en mutation sont à prévoir. L'intérêt pour le groupe des amis risque alors d'être d'autant plus accentué qu'il offre des valeurs nouvelles, aux antipodes souvent de celles « rétrogrades » de leurs parents.

Les amis : nouveau code de vie sociale

L'émancipation de la tutelle parentale se fait par le remplacement graduel de la famille en tant que premier agent de socialisation en faveur du groupe d'amis du même âge. Certaines valeurs prônées par la famille perdent progressivement de leur attrait et de leur intérêt au profit du système de valeurs et des normes de conduite que dicte le groupe des pairs. Votre adolescent adoptera peu à peu un nouveau code de vie sociale, inspiré par les valeurs dominantes qui caractérisent sa *gang* et qui s'éloigneront plus ou moins des vôtres.

La tenue vestimentaire, le look en général, les activités privilégiées et le style de musique sont autant de valeurs mises de l'avant par le groupe d'amis. Vous remarquerez qu'elles ont toutes une visée extérieure, en ce sens qu'elles sont facilement visibles ou… audibles ! Les adolescents, en processus d'une nouvelle définition d'eux-mêmes, ont besoin de le dire. Ils aiment le montrer aux autres, histoire que l'on comprenne parfaitement qu'ils ne sont plus sous l'influence de leurs parents et qu'ils sont bien engagés dans une nouvelle identité. Ces signes extérieurs leur permettent de se reconnaître aussi entre eux. D'un simple coup d'œil, ils peuvent déterminer à quel type de *gang* ils ont affaire, s'ils partagent des affinités avec ce groupe ou si, au contraire, il y a une incompatibilité d'idéologie.

En général, le type de vêtements privilégié va de pair avec les activités et le style musical, et l'ensemble de ces choix forment un tout identitaire. Par exemple, les *skaters* portent des tenues très amples (pantalons dont la fourche descend jusqu'aux genoux, long T-shirts, etc.) pour favoriser une liberté de mouvements lorsqu'ils sont sur leur *skate* (planche à roulettes). Ils écoutent une musique qui se marie harmonieusement à leurs mouvements et qui marque le rythme de leurs prouesses et échappées sur leur planche. Il en va ainsi pour tous les groupes de jeunes actuellement répertoriés, qu'il s'agisse des célèbres *punks*, à la coiffure singulière et à l'idéologie ségrégationniste, des *nerds* qui ne se distinguent et ne brillent en rien, des *bollés* qui sont studieux et appliqués en tout, des *poupounes* qui donnent l'impression d'être superficielles par leur coquetterie soulignée et par leur tenue vestimentaire aguichante, etc.

Les groupes d'amis offrent de plus des stimulations nouvelles en accord avec leur époque. Il faut reconnaître que celles-ci sont essentielles pour que le jeune puisse faire face aux exigences du futur dont vous vous retirerez progressivement en tant qu'acteur de premier plan afin de leur laisser bientôt toute la scène.

La *gang*: soutien au détachement des valeurs familiales

Plus qu'un changement de cap dans la vie sociale, l'appartenance à une *gang* est en quelque sorte un passage obligé pour la plupart des ados, une formule de remplacement au soutien familial. Ce soutien du groupe leur est pratiquement indispensable pour les aider à se détacher de la famille et prendre leur propre élan dans la vie.

Ce détachement des valeurs familiales s'exprime parfois avec violence et exagération. L'ampleur des moyens utilisés est souvent liée à l'ampleur de la tâche à accomplir, telle qu'elle est perçue du moins par l'adolescent lui-même. Désinvestir ses premiers objets d'amour que sont les parents, puis la fratrie, équivaut à vivre un deuil et entraîne des sentiments plus ou moins accentués de culpabilité, de dépression et de colère. Les conflits parent-enfant au sujet des valeurs sociales peuvent servir à masquer temporairement ces sentiments à caractère dépressif que le jeune n'aime ni reconnaître ni éprouver. D'ailleurs, il n'en est pratiquement jamais conscient. Ce n'est pas parce qu'il est mécontent de grandir et de se définir comme futur adulte indépendant. Il y a bien sûr une excitation associée à cette démarche, mais elle implique de laisser derrière soi, pour ne plus y revenir, tout un univers passé. Il peut s'agir d'un passé d'enfant choyé et heureux ou, à l'opposé, d'un passé où l'enfant est toujours en attente d'être choyé, chouchouté et aimé. Ces deux exemples se situent aux extrémités d'un même continuum et sont greffés aux personnalités propres des jeunes qui les ont vécus. Par ailleurs, ils se rejoignent en ce qu'ils comportent tous deux une certaine tristesse: celle de laisser derrière soi un monde douillet et gratifiant, ou encore un univers qui n'a jamais comblé leurs attentes.

Dans les deux cas, les adolescents éprouvent une tristesse certaine mais qui varie en qualité et en intensité. Celui qui a reçu davantage possède des bases plus solides et parvient sans trop de mal à transformer sa tristesse en énergie positive pour réaliser son changement de statut et s'adapter aux nouvelles tâches du développement qui l'attendent. Cela ne sera fort probablement pas le cas de celui qui a peu reçu. Il dispose de réserves affectives limitées, de peu d'habiletés sociales et d'un parcours identitaire déjà hypothéqué. Il sera fortement ébranlé et déséquilibré par ce changement de cap relationnel qu'entraîne l'adolescence. Il sera davantage à risque d'actes déviants ou autres, errant à la recherche de ce que sa famille et la société ne lui ont pas encore donné, les considérant comme étant en dette affective envers lui.

Que faire alors… si la *gang* vous déplaît ?

Si la *gang* vous déplaît, sentez-vous libre de le laisser savoir à votre enfant, à plusieurs reprises si nécessaire. Comme c'est souvent le cas, tout est dans la manière de le dire. N'oubliez pas que si vous attaquez sa *gang*, si vous la discréditez et l'accablez de mille reproches, c'est aussi à votre jeune que vous vous adressez parce qu'il a choisi cette *gang*, entre autres pour ces raisons que vous décriez.

Si vous n'aimez pas la mentalité de cette *gang* et souhaitez que votre enfant s'en dissocie, il est plus sage d'être prudent dans la façon de présenter vos arguments, si vous ne voulez pas que votre attitude soit interprétée, au contraire, comme une raison de plus de la fréquenter ! L'exercice n'est pas toujours facile parce que rarement exempt d'émotivité. Cherchez à mettre l'accent sur vos inquiétudes le concernant plutôt que sur l'énumération exhaustive de tous les torts que cette bande de jeunes semble avoir à vos yeux.

Par ailleurs, l'adolescent n'adopte pas nécessairement la totalité des us et coutumes de sa *gang*. Certains ados se joignent à des groupes très différents d'eux-mêmes : plus rebelles, plus éclatés ou plus revendicateurs. Ils y trouvent vraisemblablement une forme d'exutoire, une soupape par procuration en quelque sorte. Mais au fond d'eux-mêmes, ils savent très bien qu'ils n'iront pas aussi loin que ce que recommande le groupe.

Si vous avez la certitude que **les jeunes de ce groupe consomment des drogues**, il faut redoubler de vigilance et intervenir de manière plus ferme avec votre ado. Des études ont démontré que le risque de consommation est beaucoup plus grand si l'adolescent fréquente une *gang* où il y a usage de drogues.

Dites clairement à votre enfant que vous n'êtes pas à l'aise avec cette fréquentation en lui expliquant pourquoi. Tentez d'éviter les débordements émotifs comme les pleurs et les fortes colères. Usez plutôt d'autorité et de fermeté. Documentez vos inquiétudes sur la consommation de drogues à l'aide d'articles, de livres ou des sites Internet*. Cette

* Voir à ce sujet : GAUDET, Étienne. *Drogues et adolescence*. Montréal : Éditions de l'Hôpital Sainte-Justine, 2002. L'auteur propose aux parents d'être plus fermes que tolérants.

tactique a l'avantage d'être perçue comme n'émanant pas directement de vos vieilles idées de parent arriéré et borné; ces documents seront peut-être davantage susceptibles d'être consultés.

Vous ne pouvez pas choisir les amis de votre enfant. Ce serait si simple! Si vous vous immiscez trop dans sa vie privée, il vous en tiendra rigueur et cherchera à vous cacher ses fréquentations pour protéger son intimité. Résultat: vous ne serez pas plus avancé si vous ne savez même pas qui il fréquente. Lorsque votre enfant amène à la maison un nouvel ami dont le style et les manières vous déplaisent, faites l'effort de dépasser cette première impression et donnez la chance au coureur. Votre tolérance sera appréciée. Si, malgré une réelle ouverture de votre part, votre malaise persiste concernant cet ami, votre adolescent sera peut-être plus enclin à considérer votre opinion, d'autant que vous aurez fait preuve de prudence et de tolérance d'emblée.

Si votre enfant est victime de rejet de la part de son groupe d'amis, il vous faut l'aider à réfléchir sur lui-même et sur ses choix. Il est possible que ce groupe ne lui convienne pas. Il peut s'être trompé sur leurs attitudes ou sur leur philosophie. Il convient de l'amener aussi à une certaine autocritique et de l'aider, si nécessaire, à réfléchir sur ses propres difficultés sociales, qu'il s'agisse d'une tendance au retrait ou d'une façon inadéquate de prendre contact.

Tous les adolescents n'éprouvent pas nécessairement le besoin intense de vivre au quotidien avec un groupe. Certains, au tempérament plus effacé ou plus solitaire, préfèrent être seuls ou en compagnie d'un ou deux copains. Il est possible que leur besoin de socialiser soit comblé à l'école où ils connaissent les plaisirs de la vie de groupe et cela leur suffit. Ils n'en souffrent pas nécessairement et il ne faut donc pas trop vous en inquiéter.

Les modifications de la structure familiale à l'adolescence

Tous les jeunes sans exception réagissent aux transformations que subit leur famille d'origine durant l'adolescence. Ils le font avec plus ou moins d'éclat et de fracas suivant leurs personnalités respectives. Ces réactions s'étalent dans le temps, parfois sur plusieurs années, et varient en intensité, en fonction notamment de la qualité du vécu familial avant qu'il y ait rupture. Mais invariablement, la qualité de la relation et de l'attachement aux figures parentales fait toute la différence dans la façon de composer avec cette situation évidemment déséquilibrante. Malgré les efforts de rationalisation mis en œuvre pour l'accepter, une désunion parentale suscite toujours de la colère, du désappointement et de la tristesse.

À la suite d'une séparation parentale, les adolescents ne sont pas tous atteints dans leur fonctionnement au quotidien. Certains éprouvent des sentiments mêlés d'insécurité et de soulagement. Comme l'a si bien mis en évidence Gabrielle Clerk, psychologue qui a pratiqué la psychanalyse d'enfants et d'adolescents pendant 50 ans, les jeunes cherchent à se protéger contre l'anxiété très forte qu'ils peuvent ressentir dans ces moments. Cette anxiété peut être due à la tension, aux querelles et parfois à la violence qui précèdent, accompagnent et suivent la plupart des séparations. Il faut savoir que le couple parental uni joue un rôle structurant qui favorise la maturation de l'enfant. Lorsque le couple se désunit, l'enfant ou l'adolescent ressent une inquiétude devant la menace de perdre cette référence fondamentalement rassurante. C'est la continuité de leur histoire ainsi remise en cause qui est génératrice d'anxiété.

Depuis quelques années, la structure familiale a beaucoup changé. Le nombre de familles désunies a grimpé en flèche, si bien que les enfants vivant la séparation de leurs parents ne se sentent plus aussi marginaux socialement que ceux des générations précédentes dont vous faisiez vous-même partie. Le phénomène étant mieux accepté et plus fréquent, les enfants ne souffrent plus de ségrégation ou de mise au ban de leur groupe social. Cela ne veut pas dire qu'on doive banaliser pour autant l'impact d'une désunion parentale ou d'une reconstitution familiale à l'adolescence. Les jeunes en ressentent immanquablement une souffrance, mais ce n'est pas surtout au niveau des référents sociaux qu'elle se situe.

Séparation parentale à l'adolescence

Plusieurs parents croient qu'une séparation parentale est moins dommageable pour leurs enfants à l'adolescence que durant la petite enfance. Certains retardent la mise en application d'une décision de rupture déjà mûrie jusqu'à ce que le benjamin de la famille ait atteint 13 ou 14 ans. Il est vrai que l'adolescent est davantage en mesure de faire preuve de compréhension et de logique. Par exemple, il s'adapte mieux à la logistique des déplacements d'un foyer à l'autre parce qu'il a plus de facilité à se repérer dans les notions de temps et d'espace.

L'adolescence est une période de vie marquée par des changements importants qui déstabilisent, interpellent et propulsent les jeunes dans une nouvelle dimension. C'est dire que plusieurs seront fragilisés par la désunion du couple parental si elle survient durant cette époque de vie. Et souvent bien plus que ne s'y attendaient les parents. Selon Lorraine Filion*, travailleuse sociale et coauteur d'un ouvrage sur la séparation parentale, les réactions les plus fréquemment observées chez les adolescents sont les suivantes : une tristesse profonde,

---

*Cloutier, Richard, Lorraine Filion, Harry Timmermans. *Les parents se séparent... pour mieux vivre la crise et aider son enfant.* Montréal : Éditions de l'Hôpital Sainte-Justine, 2001.

parfois inexprimée, de la colère, un sentiment de responsabilité par rapport à une fratrie plus jeune; des conflits de loyauté face aux deux parents; l'imitation d'un parent dans sa recherche de liberté sexuelle; de la culpabilité et un tiraillement quant au temps à partager entre les deux parents, les amis et le besoin personnel de liberté. Témoin de l'échec du couple parental, l'adolescent peut parfois développer un cynisme à l'égard de toute forme d'attachement à un partenaire amoureux. Le détachement éventuel est vu comme l'issue inévitable et les écueils inhérents à toute relation intime sont perçus comme des confirmations de cette philosophie.

La séparation parentale renvoie l'adolescent à une relation dyadique avec l'un et l'autre parent. La réalité de la séparation favorise l'émergence des fantasmes et des désirs de vivre avec ces derniers une relation d'attachement très libidinalisée pouvant raviver la problématique œdipienne dont nous avons parlé précédemment. Peu importe l'âge cependant, tous les enfants éprouvent la nostalgie du lieu physique et psychologique de leur famille d'origine, ce lieu où s'est développé le besoin fondamental d'attachement.

Que faire alors ?

Dans l'ouvrage *Les parents se séparent… pour mieux vivre la crise et aider son enfant*, les auteurs expliquent comment soutenir l'enfant au cours de ce passage difficile. L'adolescent a tout aussi besoin de soutien, d'écoute et de présence réconfortante que le plus jeune enfant, même s'il ne le revendique pas autant et même s'il peut sembler agacé par vos tentatives en ce sens. Il est important, lors du choix des modalités de garde, de vous soucier qu'il puisse conserver autant que possible un contact soutenu avec son groupe d'amis. Ces derniers peuvent devenir une source de réconfort de première importance.

Avec quel parent vivre à l'adolescence ?

Que la séparation précède l'adolescence ou qu'elle survienne pendant cette période, il est utile de savoir que les jeunes de 13 à 18 ans ressentent souvent le besoin de passer davantage de temps avec le parent du même sexe. Cela n'a rien à voir avec l'affection, l'attachement ou l'amour que l'enfant lui voue par rapport à l'autre parent. Pour faire face aux changements corporels et à l'apprentissage de la sexualité, il leur est tout simplement plus profitable en quelque sorte de vivre avec le parent du même sexe. L'avoir le plus souvent possible à proximité est rassurant. Toutefois, ce besoin n'est pas celui de tous les adolescents et certains préfèrent, si la chose est possible, conserver des périodes de temps comparables avec les deux parents.

En raison des exigences nouvelles de leur vie sociale, les adolescents font plus de sorties et s'engagent dans des activités parascolaires qui nécessitent davantage de leur temps. Ils ont donc besoin d'une plus grande souplesse en ce qui a trait aux horaires de visite ou de temps partagé entre les deux parents. Il ne faut pas tenir une comptabilité trop serrée du temps de présence de votre adolescent. Si son école et son groupe d'amis se trouvent dans le quartier d'un seul des deux parents, il se peut qu'il réclame d'y être plus souvent. Votre flexibilité ne sera pas perçue comme une marque de désintérêt de votre part. Si vous êtes dans la position du parent qui augmente ses heures d'accueil, vous pouvez l'encourager à passer plus de temps avec son autre parent, en lui expliquant que ce dernier peut très bien aller le chercher après la danse ou l'accompagner pour faire ses courses.

Si vous avez vécu comme parent de gros conflits quant à la garde des enfants, ayez la sagesse de ne pas jouer la carte du triomphe si c'est chez vous que votre ado souhaite passer plus de temps : vous ne l'aiderez pas. Tous les enfants ont besoin, pour grandir sainement et solidement, de construire à l'intérieur d'eux-mêmes des représentations positives de leurs deux parents. Ce processus est à la base d'un développement optimal de l'identité. Être un bon parent, c'est aussi être capable de reconnaître et d'appuyer cette nécessité du développement chez son enfant, peu importe le climat qui a régné lors de la désunion parentale.

Vivre en famille reconstituée à l'adolescence

L'expérience de la famille reconstituée, lorsque chaque adulte du nouveau couple arrive avec ses enfants, ne se révèle pas toujours aussi idyllique que prévue, bien que certains films ou émissions télévisées en fassent l'apologie. Comme la baisse du taux de natalité est un phénomène qui touche plusieurs pays occidentaux, certains parents considèrent parfois la famille reconstituée comme la solution imprévue pour réaliser leur rêve d'une famille nombreuse.

Il y a des familles reconstituées qui s'établissent de façon harmonieuse, où chaque membre y trouve son compte. Contrairement à la croyance populaire, la recette du bonheur pour ces nouvelles familles ne réside pas nécessairement dans la concordance des âges des enfants de chaque famille. Cela peut certes être un avantage à l'adolescence et à la pré-adolescence. Le besoin de relation exclusive avec le parent biologique n'est plus aussi fondamental que durant l'enfance et la petite enfance. Les adolescents, tournés vers le monde extérieur, peuvent se montrer intéressés à nouer une relation avec le nouveau conjoint du père ou de la mère. Il n'en va pas nécessairement ainsi avec les enfants de ce conjoint ou avec sa famille élargie.

Que faire alors ?

En ce qui concerne la séparation parentale, tout dépend d'abord de la manière dont elle a été vécue. Si les parents d'origine ont été vigilants et ont fait en sorte que leur enfant vive une période de deuil suffisante, d'au moins un an, avant de songer à s'établir avec quelqu'un d'autre, meilleures sont les chances de réussite pour la nouvelle famille.

Par ailleurs, avant de mettre en contact tous ces enfants jusqu'alors étrangers les uns aux autres, il convient de leur laisser d'abord une période de temps pour apprivoiser le nouveau conjoint. Celui-ci se retrouvera inévitablement en position d'autorité parentale avec votre progéniture, même si cela ne survient que très occasionnellement. Ce nouveau conjoint est aussi le nouvel amoureux de l'un de ses parents ; pour de nombreux jeunes, c'est un choc de repérer la présence d'une flamme amoureuse entre l'un de leur parent... et un parfait étranger. Sans compter que les enfants de parents séparés souhaitent plus ou moins secrètement pendant longtemps – si ce n'est à jamais – qu'ils reviennent un jour ensemble. Le couple parental uni joue un rôle structurant pour l'enfant. Le recréer de manière fantasmatique, rêver qu'il se *répare* et se ressoude, constitue pour le jeune une fantaisie réconfortante qui l'aide par moments à chasser les anxiétés et les inquiétudes de la vie. Et ce, même si la situation entre les parents était des plus conflictuelles, voire destructrice : les jeunes ne peuvent s'empêcher d'imaginer une réparation magique et idéalisée du couple qui est à l'origine de leur existence.

Lorsque l'acclimatation avec le nouveau conjoint est bien amorcée, l'introduction progressive des enfants peut commencer. Au début, il est bon de privilégier des activités externes – cinéma, parc d'amusement, exposition thématique, etc. – où chaque enfant peut y trouver un intérêt personnel. Il est préférable d'éviter un cadre de rencontre trop formel : les jeunes se sentiront mal à l'aise et vous aussi. Ne vous attendez surtout pas à ce qu'ils éprouvent les uns envers les autres un sentiment comparable à celui que vous vivez avec votre nouveau conjoint. Aussi heureux, amoureux, disponible et généreux que vous puissiez être, n'oubliez jamais que vous *imposez* à vos enfants de partager leur vie avec des inconnus.

Le succès d'une famille reconstituée dépend surtout de la complémentarité naturelle des personnalités réunies. À ce chapitre toutefois, vous avez peu d'influence. Ceci ne doit pas vous empêcher d'avoir toujours à l'esprit qu'il revient aux deux adultes en présence de faciliter les relations puisque cette reconstitution familiale est d'abord *leur* idée. Elle peut devenir une expérience réussie et enrichissante pour tous et à plus d'un point de vue. Le temps est un allié indispensable.

Révélation de l'homosexualité d'un parent

La révélation – ou la prise de conscience – de l'homosexualité d'un parent est une expérience difficile pour tous les adolescents. Le fait de faire cette découverte au moment où eux-mêmes font l'apprentissage de la sexualité et où leur orientation sexuelle se précise n'est pas sans susciter un profond questionnement.

Lorsque l'un des parents va vivre avec un conjoint du même sexe, l'enfant tout jeune n'est pas toujours très conscient de la dimension sexuelle qui unit ces deux personnes. Les aspects de marginalité ou de moralité lui sont encore méconnus ou ne sont pas pris en considération. En général, il perçoit le conjoint du même sexe comme un adulte de plus qui partage du temps avec eux. On peut donc penser qu'en bas âge, les enfants ne sont pas atteints, consciemment du moins, par l'homosexualité de leur père ou de leur mère. Ils comprendront progressivement ce que signifie le mot homosexuel et c'est lors de leurs premières réflexions sur l'évolution de leur propre sexualité qu'ils en saisiront petit à petit toute la portée.

Tout parent qui découvre ou accepte finalement de vivre son homosexualité traverse une période de grave remise en question. Quant au partenaire initial avec lequel la parentalité a été vécue, il est souvent très ébranlé, choqué ou profondément attristé par cette annonce. Pour un moment, les deux parents sont déstabilisés et la relation à leurs enfants en est nécessairement affectée. C'est là la première onde de choc que ressentent les adolescents, souvent sans savoir d'où émane cette perceptible tension conjugale. La seconde sera ressentie lorsque l'homosexualité de leur parent leur sera révélée.

Au-delà de la peur de perdre le contact avec ce parent, les adolescents craignent aussi, et peut-être par-dessus tout, la réaction de leurs amis lorsqu'ils apprendront la nouvelle. Ils se disent que leur parent et eux-mêmes seront la risée de la *gang* et qu'ils risquent de perdre leurs amis. Certains sont véritablement déchirés entre le désir de maintenir la relation qu'ils ont avec leur parent homosexuel, leur désir d'habiter avec lui en garde partagée et la crainte de ce qu'en dira le groupe d'amis. Ils se demanderont s'ils risquent de devenir eux aussi homosexuels, en particulier si c'est le parent du même sexe qui se révèle homosexuel.

À l'adolescence, les jeunes traversent déjà une crise d'identité. Cette période de déséquilibre sera intensifiée par l'annonce de l'homosexualité d'un parent. Elle bouscule la question de leurs origines, de leur conception et donc de la continuité de leur histoire personnelle. Pour l'enfant, lors de sa conception, l'un de ses parents n'était pas avec le partenaire sexuel de son choix, son choix étant de vivre une relation amoureuse avec quelqu'un du même sexe. Si tel avait été le cas, cette relation homosexuelle aurait éliminé d'emblée toute possibilité *naturelle* de procréation, donc d'être parent. C'est entre autres cette impasse relationnelle qui trouble tant les adolescents. Il est donc recommandé d'expliquer rapidement à votre ado que votre désir d'enfant était authentique et que jamais, malgré le changement d'orientation sexuelle, vous ne renierez votre parentalité. Vous ne cessez pas d'être parent parce que vous décidez de vivre votre homosexualité. La grande majorité des individus qui connaissent cette réorientation sexuelle souhaitent d'ailleurs maintenir leur lien avec leurs enfants.

Par ailleurs, certains parents qui décident de vivre leur homosexualité pensent que les conséquences sur leurs enfants ne seront pas différentes de celles qu'entraîne une séparation parentale conventionnelle. Si vous pensez cela, vous vous leurrez. Vous êtes mal préparé pour affronter l'ampleur de la réaction de votre adolescent et pour l'aider à s'adapter à cette nouvelle situation familiale. N'oubliez pas qu'en dépit de votre propre crise existentielle, il en va encore de votre rôle de parent d'aider votre enfant à traverser les moments les plus difficiles de sa vie.

? Que faire alors … ou comment procéder à cette révélation ?

Le parent doit bien choisir son moment pour révéler son homosexualité à ses enfants.

Autant que faire se peut, il faut attendre que l'autre parent ait déjà cheminé intérieurement par rapport à cette nouvelle. Idéalement, il est préférable que l'adolescent se sente et se dise prêt à rencontrer le nouveau partenaire homosexuel avant de lui présenter. Pour un enfant, ce n'est jamais agréable en soi de rencontrer le nouveau conjoint de l'un de ses parents. Et si ce conjoint est homosexuel, la chose est encore plus compliquée. Ne vous le cachez pas.

Il est vrai que les enfants et les adolescents possèdent de grandes capacités d'adaptation qu'il ne faut pas ignorer et sur lesquelles il est raisonnable de compter lors de l'introduction d'un nouveau conjoint. Cependant, tout est dans la manière de faire avec eux lorsque vous décidez de modifier la structure initiale de la famille dans laquelle ils évoluent. En tant que parent, mûrissez d'abord votre réflexion pour vous-même, puis pour le couple parental, puisque vous serez toujours les parents de vos enfants, quoi qu'il advienne. Après quoi, évaluez l'impact que la nouvelle aura sur vos enfants en fonction de leur âge, de leur maturité, de leur personnalité, de leur histoire passée, des enjeux et des réorganisations à court terme qu'elle entraînera pour eux. Il ne suffit pas d'être authentique et de bon soutien pour être un bon parent. Il faut également considérer ses enfants comme des êtres humains à part entière, qui ont le droit de réagir à vos décisions, d'en éprouver des sentiments qui ne sont peut-être pas ceux que vous espérez et de faire une réflexion qui n'ira pas nécessairement dans le sens de la vôtre. Mais vous pouvez aussi compter sur les nouvelles capacités de réflexion de votre enfant. Celui-ci sera en mesure de fournir une pensée nouvelle et profonde parce que cet aspect de sa vie subira aussi des transformations fondamentales au moment de son entrée dans l'adolescence.

Chapitre 4

Les transformations de la pensée

Les deux chapitres précédents traitaient de deux des grandes transformations qui affectent la vie des jeunes lorsqu'ils entrent dans l'adolescence : les transformations du corps et celles des relations interpersonnelles. Le présent chapitre s'attarde à la dernière de ces métamorphoses, celle de la pensée et des processus particuliers à son évolution. Il s'agit d'une dimension moins spectaculaire du vécu adolescent, les transformations de la pensée étant moins visibles que celles du corps et moins manifestes – ou dérangeantes – que celles des relations humaines. Pour en repérer les signes, il faut donc prendre le temps d'observer attentivement l'adolescent.

Les processus de transformation de la pensée évoluent en catimini dans les circonvolutions cachées de la tête de vos ados. Leur pensée subit graduellement des modifications significatives qui soutiennent la mise en branle d'une réflexion nouvelle sur tout ce qui les touche et les entoure. Ces opérations de la pensée évoluent bien sûr à l'insu des adolescents eux-mêmes. Ils ont moins de prise et de maîtrise sur ce domaine de leur vie que sur la sexualité ou les relations sociales, par exemple. Ces transformations des fonctions cognitives s'inscrivent dans le cours normal du développement de l'intelligence. On entend par fonctions cognitives, les fonctions liées aux processus par lesquels un être vivant acquiert des informations sur son environnement.

Quelques notions piagétiennes

Jean Piaget, psychologue suisse, est l'un des premiers chercheurs à s'être intéressé au développement de l'intelligence. Bien que ses travaux datent des années 1940, il demeure encore à ce jour une référence universelle et incontournable en la matière.

Selon Piaget, le développement de l'intelligence commence dès la naissance et ne se termine jamais même si, en principe, les capacités supérieures de la pensée sont déjà atteintes à l'adolescence. Ce développement se caractérise par l'apparition de structures mentales différentes à chaque tranche d'âge, structures qui s'additionnent et se confondent.

De l'intelligence sensori-motrice à la pensée abstraite

De la naissance à l'âge de deux ans, on distingue mal les étapes du développement mental parce qu'elles ne s'accompagnent pas du langage qui permettra plus tard de suivre pas à pas les progrès de l'intelligence. Ce premier stade du développement de l'intelligence consiste en une conquête par les perceptions, les sensations et les mouvements de l'enfant de tout l'univers qui l'entoure : c'est la période dite *sensori-motrice*. Les manifestations de l'intelligence portent, entre autres, sur la manipulation des objets. Par exemple, lorsqu'un enfant songe à utiliser un petit ustensile ou un bâton pour attraper un jouet éloigné, il fait preuve d'intelligence. Pour arriver à son but, l'enfant doit avoir recours à un moyen extérieur à lui, le bâton. Ce geste implique qu'il a dû comprendre préalablement la relation entre le bâton et l'objet convoité.

Durant la petite enfance, **entre deux et sept ans**, l'enfant devient capable, grâce à l'apparition du langage, de reconstituer ses actions passées et d'anticiper les actions futures. Il peut reconstituer des images et des « expériences mentales ». Ces facultés nouvelles favorisent le développement de la pensée en soi, de l'intuition et de la socialisation. Jusque vers sept ans, l'enfant demeure pré-logique, c'est-à-dire qu'il utilise davantage son intuition que le raisonnement logique pour comprendre son environnement. Pour Piaget, l'intuition n'est qu'une simple intériorisation des perceptions et des mouvements de l'étape précédente qui se transforment en images. Il s'agit du stade *pré-logique* ou *pré-opératoire*.

Puis, le début de la scolarité marque un tournant décisif dans le développement mental. Ainsi, **de sept à dix ans**, l'enfant développe la pensée logique : cette pensée résulte d'un jeu d'opérations coordonnées entre elles qui présentent la propriété remarquable, en opposition à la pensée intuitive de la petite enfance, d'être réversibles. Parmi les grandes conquêtes de la pensée à ce stade dit *opératoire-concret*, se trouve l'acquisition des notions de temps, d'espace et de causalité (un phénomène se produit *à cause* de la présence ou de l'impact d'un autre phénomène).

Avec l'entrée dans **l'adolescence**, une transformation fondamentale des processus mentaux s'effectue. C'est le passage de la pensée concrète à la *pensée abstraite* ou *hypothético-déductive*. La pensée devient alors capable d'inférer des hypothèses et de déduire des conclusions concernant un problème donné. Les opérations mentales de logique commencent à être transposées du niveau de la manipulation concrète à celui des idées seules. L'observation du problème dans la réalité n'est plus nécessaire, comme c'était le cas chez le plus jeune enfant. L'adolescent peut réfléchir à partir d'idées ou d'images mentales seulement.

Cette capacité fournit à la pensée un pouvoir nouveau en lui permettant de se détacher et de se libérer de la contrainte de l'observation directe du réel. L'adolescent peut donc, à sa guise, échafauder des réflexions et des théories. Enfant, l'individu pense concrètement un problème après l'autre, au fur et à mesure qu'ils se présentent au quotidien. Lorsqu'il devient adolescent, l'être humain éprouve un intérêt nouveau pour les problèmes inactuels, sans lien avec les réalités vécues au jour le jour, et pour des situations futures purement hypothétiques et souvent chimériques. L'adolescent prend plaisir à élaborer des théories abstraites : certains découvrent le plaisir d'écrire alors que d'autres parlent peu de leurs créations personnelles et se contentent de les ruminer de façon intime et secrète. D'autres encore aiment discuter de leurs opinions philosophiques, politiques ou esthétiques. Quelques-uns parmi ceux-là élaborent des systèmes et des théories qui, ils en sont convaincus, transformeront le monde dans un domaine ou dans un autre.

Du plaisir de penser à l'emballement de la pensée

À mi-parcours ou à la fin de l'adolescence, certains jeunes surinvestissent l'activité de penser comme source d'un plaisir nouveau. Ces adolescents privilégient les discussions en profondeur entre amis, bavardent avec enthousiasme, avec emportement même, d'idéologies nouvelles, de thèmes à la mode. Ils abordent des sujets à connotation vaguement révolutionnaire, comme l'impact des aliments génétiquement modifiés, l'appauvrissement de la planète, les dangers de la mondialisation, les phénomènes parapsychologiques, etc. Certains se laissent tellement prendre au jeu qu'ils en négligent leurs études et les réalités du quotidien pour centrer leur énergie mentale à débattre uniquement de « grandes » idées.

Laisser libre cours au plaisir de penser est certes une source de valorisation pour l'adolescent. Mais il y a ici une question de mesure. S'il y consacre du temps et de l'énergie de façon excessive, cela peut constituer le signe d'un début de dysfonctionnement auquel les parents doivent réagir.

L'emballement de la pensée, traité au chapitre six, n'est pas en soi attribuable au plaisir de penser. Les adolescents qui vivent ce phénomène ont ceci de particulier qu'ils ne privilégient pas les discussions et les échanges. Ils se retirent, se coupent de tout contact avec les autres et s'enferment dans les méandres de leur pensée. Apparemment, ils ne trouvent un sens à leur existence que dans cet exercice de penser. Les discussions sur les exigences du quotidien, les échanges nécessaires avec les amis et les membres de la famille deviennent de plus en plus limités. Lorsque la principale occupation de votre jeune consiste à réfléchir, à échafauder des théories inutiles et circulaires, et que c'est là son seul intérêt, il s'agit d'un symptôme pouvant indiquer le début d'une maladie mentale. Et il devient impératif de consulter.

L'école : lieu de prédilection de l'activité de penser

S'il y a un lieu où penser est l'activité dominante, c'est bien l'école ! Penser, d'abord pour apprendre, mais aussi pour socialiser, s'amuser, se valoriser et mieux se comprendre.

Notre champ d'expertise n'est pas celui du monde scolaire. Ainsi, nous n'abordons pas de questions spécifiques à l'apprentissage et au comportement à l'école. D'excellents ouvrages en traitent, dont ceux de Marie-Claude Béliveau*, qui s'intéressent à la place des parents dans la vie scolaire de leurs enfants.

*Béliveau, Marie-Claude. *Au retour de l'école... La place des parents dans l'apprentissage scolaire* (2000) et *J'ai mal à l'école : troubles affectifs et difficultés scolaires* (2002). Montréal : Éditions de l'Hôpital Sainte-Justine.

Nous soulevons tout de même brièvement quelques problématiques particulières liées au vécu des adolescents à l'école.

Les adolescents et le maintien de la motivation scolaire

Tant d'intérêts nouveaux – la mode, la musique, la découverte de la sexualité, etc. – stimulent les adolescents. Il leur est parfois difficile de demeurer motivés pour leurs études, surtout s'ils étaient déjà peu friands de la chose scolaire !

L'entrée en première année du secondaire comporte des exigences et des stress nouveaux qui peuvent expliquer une baisse de rendement durant les premiers mois : professeurs différents pour chaque matière, changements de locaux pour les cours, passage du statut de « grands » du primaire à celui de « petits » du secondaire et, par conséquent, crainte d'être intimidés par des adolescents plus âgés, appréhension de l'école secondaire en tant que lieu aux rites impressionnants en matière de comportement social et sexuel, de consommation de drogue, de tenue vestimentaire, etc. Après le premier trimestre, ces appréhensions devraient s'être estompées et le rendement scolaire stabilisé, en fonction des capacités de votre enfant.

? Que faire alors ?

Si votre adolescent ne parvient pas à se soulager du stress lié à son arrivée au secondaire et si l'anxiété persiste, il est pertinent d'en chercher les causes avec lui. Éventuellement, vous pourrez mettre à contribution les intervenants spécialisés dont l'école dispose : psychologue scolaire, orthopédagogue, psychoéducateur, infirmière, responsable de niveau, etc. Votre enfant peut souffrir d'un manque de débrouillardise, avoir de la difficulté à socialiser ou à s'adapter à ce cadre scolaire. Il est important de réagir sans trop tarder. Il convient toutefois, dans un premier temps, de laisser à votre adolescent l'initiative de trouver ses propres solutions aux problèmes que vous avez identifiés ensemble. Chose certaine, la politique de l'autruche améliore rarement les situations scolaires problématiques.

Par ailleurs, il est possible que le fléchissement du rendement académique soit plutôt attribuable, et cela est vrai à n'importe quel moment du cours secondaire, à un surinvestissement de la vie de groupe, à une préoccupation excessive de la sexualité ou à tout autre phénomène dont votre ado fait la découverte. Il n'est pas facile alors de l'aider à se recentrer sur la vie scolaire. Les ouvrages de spécialistes en motivation* recommandent généralement aux parents quelques grands principes : fixer avec l'adolescent des objectifs raisonnables à atteindre, aborder le travail accompli sous l'angle le plus positif possible et formuler des commentaires constructifs, reconnaître la difficulté de la situation, accorder le droit à l'erreur et à l'échec. Mais il faut aussi responsabiliser votre adolescent face à la chose scolaire : l'école, le succès, l'avenir qu'il envisage et la façon de s'y préparer, c'est son affaire !

L'adolescent doit développer un désir de réussite, ce qui ne veut pas dire réussir en tout et à la perfection, et il doit faire confiance à l'école en tant que lieu de savoir et d'expertise multiple, même s'il lui attribue bien des imperfections. Comme parent, vous devez aussi chercher à donner une image positive de l'école et à communiquer votre confiance dans le personnel enseignant. Il est vrai que

* ACKER, Vincent. *Ados, comment les motiver*. Alleur : Marabout, 2000.

les professeurs n'ont pas tous la vocation, qu'ils ne sont pas tous animés de la même flamme psycho-pédagogique ! Mais les blâmer pour les échecs de votre enfant les disqualifie à ses yeux et l'encourage à se déresponsabiliser face à l'engagement scolaire.

Peut-être a-t-on tardé à identifier ses difficultés d'apprentissage...

Il arrive que des enfants complètent sans trop de mal leur scolarisation primaire malgré un léger trouble d'apprentissage ou des difficultés d'attention parce qu'ils ont réussi jusqu'alors à compenser par des stratégies cognitives mises en place spontanément ou astucieusement. La scolarisation secondaire est plus exigeante et certains y rencontrent des difficultés qui leur apparaissent insurmontables. Ils ont besoin d'une aide spécialisée pour soutenir leur apprentissage. Dans ce cas, les orthopédagogues et des enseignants chevronnés peuvent procéder à une évaluation de leurs processus d'apprentissage et les orienter vers l'aide appropriée. Il peut s'agir d'un soutien professionnel ou de recommander qu'un médecin évalue la pertinence d'une médication De fait, il est de plus en plus fréquent de prescrire le méthylphénidate à l'adolescence, médicament mieux connu sous son nom commercial, le Ritalin. Cette médication peut contribuer à contenir l'impulsivité et à améliorer de beaucoup la concentration d'adolescents qui n'en avaient pas eu besoin jusque-là.

Les intervenants scolaires sont invités à collaborer à cette évaluation, mais la proposition de médicaments est de la compétence du médecin de famille ou du pédiatre. Dans certains cas, une consultation auprès d'un pédopsychiatre, psychiatre spécialisé auprès des enfants et des adolescents, peut se révéler nécessaire afin de bien préciser le diagnostic et la pertinence de la médication. Vous pourrez décider par la suite de suivre ou non cette recommandation. Votre médecin de famille ou le médecin spécialiste vous indiquera les conséquences de la prise du médicament sur le comportement de votre ado et vous renseignera sur les effets secondaires possibles. Il vous informera aussi des risques de ne pas y recourir lorsque l'indication est clairement établie.

La dimension affective

Les difficultés sur le plan du rendement scolaire peuvent aussi découler de l'émergence de problématiques affectives diverses. Vous verrez au chapitre six que la baisse de rendement est une difficulté identifiée dans plusieurs psychopathologies chez les enfants et adolescents. Dans ces cas, la difficulté n'est pas d'origine intellectuelle, cognitive ou liée à la motivation. En conséquence, il faut donc d'abord traiter le problème psychologique sous-jacent pour espérer une reprise du fonctionnement scolaire normal.

? Que faire alors ?

Dans un premier temps, les intervenants scolaires (psychologue, orthopédagogue, psychoéducateur ou travailleur social) peuvent, à partir de leurs évaluations respectives, conclure à la présence d'une dynamique affective problématique chez un adolescent. Si le problème dépasse leur mandat de suivi en milieu scolaire, ils verront à ce que le jeune rencontre son médecin de famille ou son pédiatre. Ces derniers pourront le référer en pédopsychiatrie pour une évaluation complémentaire et spécialisée. Le pédopsychiatre et son équipe de professionnels pourront par la suite assurer la prise en charge thérapeutique du jeune et de sa famille, si nécessaire.

Le décrochage scolaire

Le décrochage scolaire est une préoccupation pour tous les intervenants qui œuvrent auprès d'adolescents. Les statistiques sur ce phénomène varient en fonction des méthodes de calcul. Au Québec, le taux d'abandon prématuré des études secondaires oscille autour de 30 % depuis une décennie.

Portrait du décrocheur

Le décrocheur est plus souvent un garçon, issu d'un milieu familial désavantagé sur le plan socio-économique et en termes d'encadrement disciplinaire et éducatif. Ce jeune a rarement connu une expérience scolaire positive et présente généralement des problèmes de comportement à l'école. Si les experts consacrent tant d'énergie à dresser le profil du décrocheur, c'est parce que le principal moyen d'intervention face à l'abandon scolaire est le dépistage des décrocheurs potentiels, l'intervention devant se situer en amont de la problématique.

Que faire alors ?

Il est utile de pouvoir identifier les signes annonciateurs d'un risque de décrochage scolaire : manque d'attention en classe et à la maison pour les devoirs, oubli des travaux à faire, absentéisme occasionnel ou plus soutenu en raison de plaintes somatiques (maux de cœur, maux de ventre, etc.), démobilisation progressive qui affecte le rendement et l'attitude en classe, perte de confiance dans l'idée de réussir et dans le fait que la scolarisation sert vraiment à quelque chose.

Vous pouvez aider votre enfant en répertoriant avec lui ces signes précurseurs et en l'invitant à réagir par de multiples moyens concrets : en l'aidant à développer une meilleure organisation de son travail, en identifiant avec lui ses plus grandes sources de stress, en lui prodiguant des encouragements sentis et en fixant des objectifs réalistes. Vous devez aussi solliciter l'expertise de professionnels des services aux étudiants de son école. Ceux-ci vous ont peut-être déjà manifesté leur inquiétude quant à l'évolution de votre ado en classe. Bref, si vous considérez que votre enfant présente les caractéristiques d'un éventuel décrocheur, réagissez ! Ici, la tolérance est rarement la formule gagnante. Déclenchez un véritable branle-bas de combat pour le secouer, le conscientiser et l'outiller. Pour espérer aider votre enfant, il y a plus à faire avant qu'après le décrochage. *Raccrocher* demeure possible, mais c'est un défi de taille qui dépend de la volonté et du tempérament de votre jeune. Quand il aura décroché, votre collaboration sera certes encore souhaitable mais son impact risque d'être limité auprès de ce jeune adulte de 17, 18 ou 19 ans qui prétendra être en mesure de faire ses propres choix de vie.

Au Québec, le système scolaire est conçu de telle façon que, sans diplôme d'études secondaires, la plupart des portes du marché du travail sont fermées et l'espoir d'un revenu acceptable diminue de manière significative. Ce système a le défaut de présumer que tous les jeunes possèdent les compétences ou l'intérêt nécessaires pour terminer le programme secondaire tel qu'il existe actuellement. Il accorde trop peu de reconnaissance à ceux qui décident de s'orienter vers un métier spécialisé en cours d'études secondaires. Ce problème ne relève pas de l'école uniquement, loin de là. Les jeunes qui pourraient bénéficier de cette orientation n'y voient pas de source de valorisation sociale. Plutôt que de se diriger dans des apprentissages spécialisés qui leur assureraient un avenir convenable, ils finissent par décrocher d'une trajectoire scolaire qui dépasse leurs moyens ou leur intérêt.

Les adolescents performants

Des adolescents trop performants, est-ce que ça existe ? Il semble bien que oui. Ce sont surtout des filles, au profil scolaire enviable, qui développent un très grand souci de perfection et de performance. Cet objectif de réussite peut s'installer progressivement, au détriment de leur vie sociale et familiale. Toute leur énergie est alors canalisée vers la réussite, voire l'excellence. Ces jeunes filles se voient donc contraintes de contrôler de plus en plus leurs comportements et éventuellement leur environnement pour parvenir à leurs fins. On constate un appauvrissement des autres sphères de la vie et un stress de performance croissant.

Ce comportement est souvent l'un des symptômes recensés dans les problématiques anorexiques dont nous traitons plus loin. Sans nécessairement développer pareille pathologie, ces adolescentes risquent de souffrir d'épuisement, d'anxiété importante et éventuellement de symptômes dépressifs résultant de l'appauvrissement de leurs relations interpersonnelles : pas de temps pour les amis, pour un amoureux, pour la famille.

? Que faire alors ?

Si vous vous rendez compte que votre adolescente a entrepris une course impossible vers la perfection, il faut tenter de la freiner. Faites-lui valoir que vous l'aimez même imparfaite et qu'elle devrait en faire autant par rapport à elle-même.

Nous vous conseillons également un petit examen de conscience quant à vos exigences personnelles envers vos enfants et vous-même. Des parents peuvent parfois ne pas être trop exigeants envers leurs enfants, mais ils le sont énormément envers eux-mêmes. C'est alors ce modèle que les enfants empruntent et qui devient une sorte de leitmotiv dans leur vie. Il faut tolérer pour soi et son enfant un certain droit à l'imperfection, au découragement et à l'erreur. Cela contribue à l'édification d'un moi plus adapté et plus équilibré, et construit une identité plus forte parce que plus vraie et plus conforme à ce qu'est par définition l'être humain : un être inachevé et imparfait, mais qui a un potentiel de réalisation énorme sur la base même de l'union de ses forces et de ses faiblesses.

Est-il normal de passer toutes ces heures devant l'ordinateur ?

Plusieurs parents s'étonnent et s'inquiètent du nombre d'heures que leurs enfants passent devant l'ordinateur. S'ils trouvent important que leur progéniture se familiarise avec cet outil devenu indispensable, ils s'interrogent à bon droit de les voir y consacrer tout leur temps libre. Comment trouver le juste équilibre entre l'indéniable divertissement que peuvent procurer quelques heures de *clavardage* ou de jeux remplis d'action, de conquêtes et d'émotions fortes, et le fait qu'il est dorénavant incontournable de savoir utiliser un ordinateur ? Que retirent donc les enfants et les adolescents de l'usage souvent abusif de l'ordinateur ?

Les joies de l'ordinateur

Ce plaisir rapide et facile, qui se trouve juste au bout des doigts, demeure vaguement énigmatique pour les parents d'adolescents même si eux-mêmes trouvent un plaisir certain à naviguer sur le Net, à échanger par courriel et même à piloter quelques bolides virtuels de Formule 1 ou des répliques de vaisseaux de *La guerre des étoiles*.

L'exploration relationnelle à distance: le clavardage

En soi, l'activité de clavardage n'est pas néfaste ou à décourager. En effet, elle favorise des échanges directs entre deux personnes ou entre amis, puisque ce genre d'échanges se pratique souvent en réseau.

Deux mises en garde s'imposent toutefois. La première concerne les sites d'agences de rencontres. Des jeunes filles naïves, qui fantasment sur le prince charmant virtuel, peuvent vivre de grandes déceptions lorsqu'elles rencontrent le postulant en chair et en os ! Encore que la déception soit la moindre des conséquences. Tomber sur n'importe quel individu aux intentions douteuses risque d'être une expérience traumatisante et dangereuse. Plusieurs adolescentes romantiques et rêveuses se font prendre au jeu, en dépit de leur intelligence et du fait qu'elles sont très bien renseignées sur la question. Il vous faut donc répéter souvent vos mises en garde. Si jamais, en dépit des risques connus, votre fille transgresse votre recommandation et tient à rencontrer le garçon avec lequel elle clavarde, faites-lui promettre de le faire dans un lieu public, accompagnée discrètement par une amie.

Une seconde mise en garde s'impose. Elle concerne le fait que ces échanges ne sont pas directs, comme au téléphone par exemple, et qu'ils sont quelque peu désincarnés. La couleur affective réelle qui module et accompagne le message n'est pas toujours transmise et transmissible. Ces messages passent toujours par un tiers qu'est l'ordinateur et cette procédure peut donner l'illusion qu'on est protégé en quelque sorte par la mise à distance et que l'on peut tout dire ou dire n'importe quoi. L'ordinateur agit comme un agent désinhibiteur chez certaines personnes, ce qui peut parfois être thérapeutique, mais cette modalité d'échange peut aussi biaiser l'authenticité des interactions. Cela crée l'illusion que tout peut se dire sous l'impulsion du moment, sans avoir à trop se soucier de l'autre, surtout si on le connaît peu. Appliquée dans la réalité des rapports aux autres, dans la vraie vie, cette façon de faire peut causer bien des tensions et des insatisfactions sur le plan relationnel.

La satisfaction pulsionnelle immédiate : les jeux

Facile à utiliser, le clavier d'un ordinateur permet aux adolescents d'accéder à des satisfactions multiples sans avoir à tolérer de longs délais, tout en étant à l'abri de certaines exigences relationnelles.

Ainsi, en quelques heures, les ados peuvent éprouver la sensation d'être à la tête d'un empire intergalactique ou champion mondial de course automobile ! Ils en retirent une satisfaction pulsionnelle et narcissique immédiate. Ils n'ont pas à peiner très longtemps pour être les meilleurs et ils peuvent laisser libre cours à l'expression d'une gamme d'émotions qui sont ressenties comme vraies, nonobstant le contexte parfaitement irréel dans lequel elles s'inscrivent. Le jeu terminé, on clique pour fermer l'ordinateur et les émotions sont remballées. Il n'en va pas ainsi dans la vie de tous les jours : vécues avec des personnes réelles, nos émotions, troubles ou agréables, nous accompagnent et nous poursuivent parfois au-delà de ce que nous souhaitons. Il faut apprendre à vivre avec elles, à les gérer et à les intégrer au mieux à notre quotidien.

À leur décharge toutefois, mentionnons que les jeunes hommes ont depuis toujours une âme de guerrier et de conquérant. C'est ce qui a favorisé d'une certaine façon, malgré des aspects négatifs d'agressivité facile, l'exploration et l'évolution du monde. Vos adolescents sont habités eux aussi par ce comportement historiquement – et peut-être génétiquement – inscrit. Les jeux d'ordinateur, qui ont surtout la faveur des garçons, servent d'exutoires faciles à la tension pulsionnelle. Ils sont donc particulièrement appréciés à l'âge de l'adolescence où l'être humain est envahi par ses pulsions, par des émotions débordantes et parfois incontrôlables. Ces jeux procurent une gratification que les ados ressentent rarement, dans la vraie vie, aussi rapidement et après si peu d'efforts physiques. Par exemple, contrairement à la pratique d'un sport de compétition qui exige beaucoup de persévérance, il est possible de devenir en quelques heures maîtres d'une armée ou d'une cité chimérique. Qui plus est, l'adversaire, malgré quelque résistance, n'est pas toujours de taille.

En jouant à l'ordinateur, ces jeunes font aussi l'économie d'éventuelles blessures à « l'amour-propre »: ils peuvent choisir de garder leurs défaites secrètes. Tout se passe entre eux et une machine qu'ils ont le sentiment de contrôler. Dans ce contexte, ils ne perdent jamais vraiment la face et leur honneur reste intact. Les adolescents peuvent donc faire des compétitions en paix; ce qu'il y a de plus déshonorant, mais peut-être de plus instructif dans la défaite, n'est pas réellement éprouvé. Ces jeux ne les préparent pas à la vie réelle en société et aux exigences relationnelles que cela implique, les jeunes ayant l'illusion qu'ils peuvent toujours éviter de se sentir défaits ou humiliés par autrui. À petites doses et si l'adolescent expérimente la vraie vie en d'autres lieux, les jeux ne sont pas nocifs. L'overdose, pour sa part, soulève de sérieux problèmes: la dépendance à ces sensations fortes dans un contexte irréel peut scléroser le moi et nuire à une évolution plus saine et plus adaptée, en faussant la donne en matière d'échanges avec les autres. Votre ado risque de développer une dépendance aux sensations fortes, faciles et immédiates, et ne jamais découvrir l'immense plaisir et l'incomparable sensation de satisfaction lorsqu'à la suite d'un effort soutenu, on parvient à la réussite, au dépassement de soi.

Que faire alors ?

Qu'il s'agisse de jeux pour les garçons ou de clavardage pour les filles, si vos ados passent plusieurs heures par jour devant l'ordinateur et qu'ils en veulent toujours davantage, il est préférable d'en réglementer l'utilisation et d'en limiter le temps d'accès. Il n'est évidemment pas question ici d'une utilisation à des fins scolaires.

Il est probable que vos ados protesteront et qu'ils tenteront de faire valoir toutes sortes d'arguments : retard par rapport aux amis dans la maîtrise des jeux, inquiétude causée au groupe si on ne le trouve plus « en ligne », etc.. Vous devez maintenir votre décision, quitte à devoir utiliser une minuterie pour les inévitables oublis et débordements de temps. Expliquez régulièrement vos motifs en orientant votre ado vers une diversité d'autres loisirs et activités, tout en le complimentant au passage sur ses aptitudes, sur les défis qu'il s'impose, sur les efforts fournis et évidemment sur ses succès ou sa bonne attitude face aux difficultés rencontrées. Il est triste de constater que certains jeunes font de l'ordinateur un refuge parce qu'ils en tirent des gratifications que leur milieu familial ne leur offre pas. Mais ce n'est pas dans l'interaction avec cet instrument que surgiront les conditions menant au développement optimal du moi de votre adolescent et que se parachèvera la construction de son identité.

CHAPITRE 5

L'IDENTITÉ

Nous savons tous ce qu'est l'identité. Toutefois, ce concept demeure difficile à synthétiser parce qu'il renvoie à plusieurs idées maîtresses.

Selon Richard Cloutier*, psychologue chercheur, l'identité se définit comme une conception de soi qui repose sur une perception de soi-même, sur des valeurs personnelles, des attachements et des buts à atteindre. C'est l'image du rôle que l'on s'attribue qui donne un sens au présent et oriente le futur sur la base des expériences passées. L'identité, c'est aussi un ensemble de croyances et de sentiments, l'engagement dans une orientation sexuelle féminine ou masculine, un choix de carrière. C'est se situer par rapport à sa famille, par rapport à la culture, à la politique, à la société, à la religion, etc.

La construction de l'identité est de fait un phénomène complexe, qui évolue durant toute la vie, façonnant la personnalité de l'individu sur la base d'une série d'identifications qui surviennent dès son plus jeune âge. Le tempérament de chacun constitue l'assise sur laquelle s'édifient, au fil des expériences et des relations avec les personnes significatives, les diverses strates identificatoires.

* CLOUTIER, Richard. « Identité et adolescence », dans *Démystifier les maladies mentales. Les troubles de l'enfance et de l'adolescence*. Boucherville : Gaëtan Morin éditeur, 2001. p. 57-77.

Définition du processus d'identification

En soi, l'identification* est un processus psychologique par lequel un individu assimile un aspect, une qualité ou un attribut de quelqu'un d'autre, à la suite de quoi il se transforme en partie sur le modèle de cet autre. Il s'agit d'un processus largement inconscient, bien que nous puissions tous attribuer certains de nos traits de personnalité à telle personne qui nous a marqué et à laquelle nous avons souhaité ressembler, ou encore dont l'influence a été telle qu'elle nous a imprégné malgré nous.

Parachèvement de l'identité : la résultante des transformations à l'adolescence

La construction de l'identité se parachève à l'adolescence. Elle résulte en partie de l'ensemble des changements physiques et psychologiques qui surviennent durant cette période. L'identité, c'est en quelque sorte le précipité de toutes les petites identifications qui se sont tissées au gré des transformations du corps, de la pensée et des relations. Le désir croissant d'autonomie, ainsi que la nécessité de se projeter dans le futur en ce qui concerne les études, le travail et la vie amoureuse stimulent le développement de l'identité. L'accession à la pensée abstraite, à la possibilité d'analyser des idées complexes, fournit à l'adolescent de nouveaux outils de réflexion qui lui permettent de préciser la représentation de lui-même qu'il est à construire.

Il va sans dire que l'enfant qui entre dans l'adolescence possède déjà une identité propre. Mais le jeune adolescent, en métamorphose continuelle, est engagé dans une certaine mouvance. Il voit alors se redéfinir les points de repère identificatoires qu'il a bâtis durant son enfance, ce qui occasionne

*LAPLANCHE, J., J.B., PONTALIS. *Vocabulaire de la psychanalyse*. Paris : P.U.F., 1967.

une plus ou moins grande instabilité psychologique. L'adolescent n'est plus tout à fait l'enfant qu'il était et il ne sait pas encore qui il est et qui il deviendra. Des questions s'imposent à lui. Qui suis-je ? Où est-ce que je m'en vais ? Qu'est-ce que je veux faire de ma vie ? Telle option me convient-elle ? Etc. Cette période d'instabilité est normale et constructive, quoique un peu « insécurisante », mais la plupart des adolescents la tolèrent bien.

Par contre, pour quelques jeunes dont la personnalité comportait des points de vulnérabilité psychologique avant même l'entrée dans l'adolescence, cette période de modification de la représentation de soi peut être plus déstabilisante. Elle peut les amener à des questionnements anxieux et à des comportements parfois inadéquats, qui traduiront leurs inquiétudes face aux changements qui les habitent.

D'autres adolescents se trouvent fragilisés, non pas en raison des particularités de leur personnalité, mais plutôt à cause de l'instabilité de leur entourage, qu'il s'agisse d'un décès, d'une séparation parentale, de parents psychologiquement absents, etc. Pour tous ces jeunes, la *crise d'identité* de l'adolescence et le déséquilibre momentané de la personnalité qui la caractérise se manifestent avec plus d'acuité : ils seront plus anxieux ou plus dépressifs, plus agissants ou plus inattentifs. Plus que les autres, ils auront recours à des points d'ancrage extérieurs pour se donner l'impression d'une plus grande stabilité et pour lutter contre leur sentiment de dérive intérieure.

Mouvance identitaire : le recours à des points d'ancrage extérieurs

Quels sont ces points d'ancrage extérieurs qui visent à endiguer la vague identitaire ? Il s'agit principalement de l'appartenance à un groupe de jeunes et de l'adhésion au style qui singularise celui-ci par rapport aux autres. *Qui se ressemble, s'assemble* et se sent plus fort. Faire partie d'un groupe stimule, rassure, soutient et renforce l'identité individuelle vacillante.

Au sein des divers regroupements de jeunes, le code de vie est déterminé par les impératifs de l'idéologie à laquelle chaque groupe choisit d'adhérer. Ainsi, tous ses membres adoptent le même style vestimentaire, portent les cheveux coiffés de la même manière, écoutent la même musique, utilisent les mêmes expressions langagières, fréquentent les mêmes endroits. Ils se ressemblent et forment une unité qui les ancre les uns aux autres. Cette alliance les renforce et leur permet d'affronter leur hésitation identitaire : « Je sais qui je suis puisque je suis comme tous les autres de mon groupe. » En respectant les impératifs du code de vie du groupe, le jeune signe son appartenance à son groupe et s'arrime à lui, calmant ainsi un sentiment agaçant de trop grande mouvance intérieure.

On constate parfois que plus la *crise d'identité* est forte, plus l'ado et son groupe choisissent et affichent des caractéristiques excessives pour se distinguer. Les cheveux bleus, les vêtements et le maquillage noirs, les anneaux au nez, à la lèvre ou ailleurs sont autant de signes extérieurs qui intriguent et repoussent les parents, qui définissent et singularisent certains groupes d'adolescents en mal d'identité.

? Que faire alors ?

L'évolution de l'identité est un processus sur lequel les parents, les psychothérapeutes et les adolescents eux-mêmes ont très peu de prise réelle. Vous pouvez certes formuler votre avis sur les us et coutumes du groupe que fréquente votre ado. Il est plutôt rare toutefois qu'une intervention directe de l'extérieur y change rapidement quoi que ce soit.

Si votre enfant ne semble pas mettre en péril sa sécurité ou sa santé physique et psychologique en s'imposant le code de vie dicté par son groupe, vous ne devriez pas trop vous inquiéter. Il est nécessaire de faire preuve de tolérance, le temps que l'effet de mode se dissipe et que la *crise d'identité* se résorbe d'elle-même. Le facteur temps est votre plus sûr allié. Par ailleurs, si la *gang* que fréquente votre ado suscite des inquiétudes sérieuses, consultez les intervenants sociaux ou les psychologues rattachés à votre centre local de services communautaires ou de santé. En général, ils connaissent bien le profil des groupes de jeunes du quartier et sauront vous renseigner sur la nature du groupe en question et sur la démarche à tenter pour ramener votre ado à d'autres considérations.

Du tatouage et du body piercing...

Le tatouage et le *body piercing* sont des pratiques relativement nouvelles en Occident. Les adolescents n'en sont pas les adeptes exclusifs mais ils y découvrent une façon particulière de s'exprimer.

Ces pratiques corporelles s'exercent depuis fort longtemps au sein de peuplades dites primitives. Elles constituent un moyen de témoigner de son appartenance à un groupe et révèlent une intention ou une coutume précise : un maquillage pour la guerre ou pour une cérémonie mortuaire, par exemple.

En Occident, cette mode rallie actuellement bien des jeunes qui ont envie de s'offrir une petite fantaisie distinctive. Contrairement au phénomène observé chez certaines peuplades, ces pratiques ne visent pas qu'à témoigner de leur appartenance à un groupe mais aussi à affirmer leur individualité. L'adolescent veut se voir et se faire voir autrement, comme pour signifier qu'il n'est plus le même qu'auparavant, une nouvelle marque inscrite dans sa chair en faisant foi !

Les majorité des jeunes qui se font faire un tatouage ou un *piercing* s'inscrivent dans un mouvement de mode, sans plus. D'autres y voient par ailleurs un rituel important dans la recherche de la définition d'eux-mêmes, dans la quête de leur identité propre et surinvestissent en quelque sorte cette pratique, en affichant des tatouages et des *piercing* excessifs. À ce titre, la notion de douleur physique qui accompagne ces pratiques joue un rôle important. Selon certains auteurs spécialisés en ethnopsychiatrie, dont la pédopsychiatre Sylvaine De Plaën*, la douleur confère un sceau d'authenticité : elle vient signifier que ce rite n'est pas un jeu d'enfant, mais bien quelque chose de vrai et de sérieux qui concerne les grands. Accepter et supporter cette douleur physique traduit un désir de dépassement de soi et de ses sensations, pour tendre vers une nouvelle définition de soi.

Cette pratique, lorsqu'elle est excessive, peut devenir problématique, mais elle ne mène pas nécessairement à un état pathologique. Il faut tout de même demeurer vigilant et veiller à ce qu'un glissement de sens ne survienne pas, qu'un jeu de mode ne devienne pas le prélude à un dysfonctionnement du rapport de votre adolescent à son propre corps. Mais l'effet de mode en soi ne pourrait à lui seul expliquer cet éventuel glissement : à la base, il faut que votre ado présente déjà une fragilité au niveau de la perception et de la représentation de soi. Si en plus s'ajoute l'engouement pour cette mode, la préoccupation qu'il développera pour son corps et pour ce genre de pratiques risque alors de le mener à un comportement anormal.

---

*De Plaën, Sylvaine. « Marquer le corps pour mieux le nommer : la pratique du tatouage dans les cultures humaines », dans *Prisme*, no 37, pp. 10-23, 2002.

... *à l'automutilation*

L'automutilation est une pratique de plus en plus fréquente ou à tout le moins de plus en plus recensée, chez les adolescentes particulièrement. Il n'y a pas nécessairement de continuum entre les phénomènes de tatouage, de *body piercing* et l'automutilation, même s'il existe une parenté symbolique sur le plan du geste.

Définition de l'automutilation

L'automutilation dite « superficielle », dont il est question ici, est intentionnelle et exclut celle qui découle d'un délire ou d'une désorganisation majeure de la pensée. Elle consiste en des scarifications plus ou moins profondes de la peau, généralement aux avant-bras et aux cuisses. Elle peut devenir plus sévère et pousser certains jeunes à se blesser sérieusement. Pour Patricia Garel*, pédopsychiatre, l'automutilation exprime une « fracture de l'identité ».

Comment comprendre l'automutilation ?

L'une des difficultés avec ce comportement pathologique est qu'il se pratique discrètement, à l'abri des regards. Les adolescentes réussissent à dissimuler les marques des blessures qu'elles s'infligent sous des vêtements amples et longs. Ces comportements peuvent devenir dangereux parce qu'il y a souvent escalade dans la sévérité ou dans la fréquence de l'acte automutilatoire. À partir de témoignages d'adolescentes, on comprend à ce jour que ces actes servent entre autres à soulager une tension intérieure. Contrairement à la douleur psychologique ou psychique, cette douleur physique présente

*GAREL, Patricia. « L'automutilation : fracture de l'identité », dans *Prisme*, no 37, pp. 24-31, 2002.

« l'avantage » suivant : l'adolescente qui se l'inflige elle-même contrôle le début et la fin de l'expérience douloureuse et se donne ainsi l'impression d'avoir le pouvoir de se soulager de la tension qui la mine.

Certaines risquent de s'engager rapidement et malgré elles dans un cercle vicieux. En effet, la tension intérieure à la base de ces actes n'est pas résorbée mais seulement déplacée. Après les quelques jours ou les quelques heures de soulagement que procure l'automutilation, la tension revient, amplifiée, et exige, pour trouver un nouvel apaisement, une « dose » d'automutilation plus intense de fois en fois.

Quels sont les traitements proposés ?

Le sens attribué au geste d'automutilation varie d'une adolescente à l'autre. De fait, ce geste peut être rattaché à diverses psychopathologies. L'adolescente qui s'automutile doit être confiée aux soins de professionnels spécialisés en santé mentale ; le médecin de famille, l'omnipraticien ou, au besoin, le pédopsychiatre évalueront la pertinence de lui donner une médication tranquillisante. Mais on la recevra d'abord en entrevue afin de procéder à un diagnostic approfondi de ce qui ne va pas. On lui offrira vraisemblablement un soutien psychothérapeutique pour l'aider à mettre à jour les motifs cachés qui commandent inconsciemment la mise en œuvre de ses gestes auto-agressifs. Soulignons à ce propos que, malgré les apparences, l'automutilation ne précède pas automatiquement un éventuel geste suicidaire. Celles qui la pratiquent perçoivent l'automutilation comme un moyen de faire taire une douleur psychologique méconnue et intolérable autrement, et non pas comme une façon de s'autodétruire entièrement.

? Que faire alors ?

Si vous décelez des gestes d'automutilation chez votre enfant, il faut contacter des professionnels en santé mentale. Il peut s'agir de psychologues ou de psychiatres œuvrant en cabinet privé ou en clinique pédopsychiatrique rattachée à un centre hospitalier. En l'absence de ces ressources dans votre région, vous pouvez consulter le médecin traitant habituel de votre adolescente ou, si la situation est grave et l'exige, le service d'urgence hospitalier. Il est possible qu'une hospitalisation en psychiatrie soit indiquée. L'équipe pédopsychiatrique en charge de votre enfant en évaluera la pertinence clinique.

L'automutilation est considérée comme un signe de psychopathologie, c'est-à-dire qu'elle indique la présence d'une maladie mentale sous-jacente qu'il faut identifier et soigner. Selon le degré d'atteinte (qui peut varier de très légère à sévère) au moment de la consultation et selon la collaboration de l'adolescente à la démarche diagnostique et au traitement, la probabilité qu'elle en guérisse est élevée. Vous pouvez donc espérer la disparition complète du symptôme si dérangeant d'automutilation.

Malgré tout l'amour, l'écoute et l'attention que vous pouvez prodiguer à votre fille, les seules interventions parentales suffisent rarement à empêcher l'évolution de l'automutilation, une fois le processus enclenché. Vous ne traiteriez pas un début de diabète ou une maladie des voies respiratoires sans conseils médicaux. De la même manière, vous devez rechercher l'expertise d'un spécialiste des problèmes psychologiques et psychiatriques pour venir en aide à votre enfant automutilateur. Il ne s'agit pas d'un symptôme incurable, mais il doit être soigné par des professionnels pour éviter qu'il ne s'aggrave. Sans traitement adéquat, le comportement d'automutilation s'accentue, entraînant parfois de lourdes répercussions tant physiologiques que psychologiques.

Autres problématiques associées à la construction de l'identité

D'autres profils cliniquement problématiques sont associés à la construction de l'identité. C'est le cas, comme nous l'avons vu, de la découverte de l'homosexualité et des vicissitudes du parcours qui mène, ou non, à sa divulgation aux proches. La capacité d'engagement dans une orientation sexuelle est bien sûr une composante majeure de l'identité.

Quant aux particularités d'évolution de l'identité qui aboutissent au travestisme ou au transexualisme, leur incidence est possible mais plutôt rare durant l'adolescence. La réflexion touchant les concepts d'inné et d'acquis, la prépondérance du biologique sur le culturel et « l'appris », trouve ici matière à se poursuivre. Est-ce que telle personne en est venue à vouloir changer de sexe parce qu'elle est génétiquement déterminée ainsi ou parce qu'il s'agit d'un refus inconscient de s'identifier à son sexe en raison d'un traumatisme vécu avec quelqu'un de son propre sexe ? Même dans des analyses en profondeur, au cas par cas, ces questions demeurent souvent sans réponse. Souffrant d'être homme ou femme, des gens désirent changer de sexe pour mettre un terme à ce malaise qu'ils ressentent et qu'ils attribuent à cette « erreur » de la nature. Pour certains, cette démarche réussit. Pour d'autres, la souffrance persiste au-delà de la démarche, attestant ainsi que l'origine de leurs difficultés est probablement reliée à quelque autre facteur.

Des cliniques médico-psychiatriques offrent des traitements hormonaux et chirurgicaux pour aider les individus d'âge adulte qui le désirent à changer de sexe. C'est un processus qui se fait en plusieurs étapes : les évaluations psychologiques et psychiatriques sont notamment maintes fois répétées au cours du processus de transformation. Peu de personnes ont recours à de telles transformations. Par conséquent, peu d'études ont pu être réalisées avec une masse critique suffisante pour autoriser des conclusions généralisables, par exemple sur le taux de satisfaction et de mieux-être réel après les transformations. Si votre adolescent prétend déjà vouloir s'engager dans un pareil processus, dites-lui combien cette démarche est coûteuse sur les plans relationnel et affectif. Expliquez-lui que, bien que possible, le processus de transformation est long, exigeant et qu'il ne fait pas disparaître comme par magie tous les maux d'origine psychologique dont on peut souffrir.

En définitive, le parcours identitaire aussi bien que d'autres facteurs, comme l'hérédité et les expériences de vie à caractère traumatique, peuvent déterminer l'apparition ou non d'une psychopathologie à l'adolescence. Le chapitre suivant présente les maladies mentales les plus souvent répertoriées dans la population adolescente actuelle.

CHAPITRE 6

ADOLESCENCE ET SANTÉ MENTALE

Depuis quelques décennies, le phénomène de la maladie mentale est de mieux en mieux documenté et devient, socialement, un sujet moins tabou. Le raffinement des méthodes statistiques et des recherches épidémiologiques et pharmacologiques permettent de préciser la prévalence et les conditions d'apparition des maladies mentales, et d'en rendre les traitements plus efficaces.

Malgré les progrès importants accomplis depuis un siècle dans ce domaine, la compréhension et le traitement des principaux troubles mentaux survenant spécifiquement durant l'enfance et l'adolescence demeurent incomplets. Cela vient en partie de la nature même de l'enfance et de l'adolescence : ce sont des *étapes* dans le développement de l'être humain. Au moment où nous les rencontrons, les jeunes se situent dans un processus inachevé et en mouvement continuel, ce qui rend la saisie et l'observation des comportements plus difficiles à objectiver. Traverser ces étapes normales du développement déclenche des conflits plus ou moins sévères et plus ou moins passagers. Alors, comment savoir si tel comportement inhabituel d'un adolescent est attribuable à un début de maladie mentale ou plutôt à la fameuse *crise d'adolescence* et aux nombreux conflits temporaires qui l'accompagnent ?

En revanche, le fait que les jeunes soient des êtres en développement, inachevés, constitue un atout : leur mouvance et leur plasticité font en sorte que leur structure de personnalité n'est pas encore définitivement installée. Il y a place pour plusieurs modifications et par conséquent pour l'amélioration de leur condition. Cela est encourageant pour les adolescents qui présentent des troubles mentaux, mais aussi pour leurs parents et pour leurs thérapeutes !

Dans les pages qui suivent, nous traitons des maladies mentales les plus fréquentes à l'adolescence. Notre but est de fournir aux parents des outils pour les aider à identifier les comportements de leur adolescent qui nécessitent une intervention. Nous leur indiquons aussi, si tel est le cas, comment procéder. Nous n'entendons donc pas couvrir tout le champ de la psychopathologie de l'adolescence, non plus que rédiger un précis de psychologie à l'usage de cliniciens aguerris. Déterminons d'abord quelques points de repère à partir desquels nous pouvons distinguer la santé mentale de la maladie mentale.

Première partie

Qu'est-ce que la santé mentale ?

Sigmund Freud définit l'individu en santé mentale comme suit : celui qui est capable d'aimer et de travailler ou, dans le cas d'enfants et d'adolescents, qui est capable de jouer ou d'étudier. En d'autres mots, il fait référence à la capacité de s'accomplir sur les plans personnel et relationnel et d'en éprouver un état de bien-être certain. Quelques conditions sont requises pour y arriver. Il faut être en harmonie avec plusieurs dimensions de soi pour atteindre la santé et le bien-être à la fois physique et psychologique. La qualité du fonctionnement de vie au quotidien en est un indice fondamental. Elle s'évalue entre autres à partir d'une observation attentive des activités de votre enfant.

Fonctionnement de vie au quotidien

Pour chacun des éléments à observer, il faut prendre en considération les facteurs de durée et d'intensité afin de pouvoir départager les attitudes normales de celles qui sont moins habituelles, plus inquiétantes et à surveiller éventuellement. Ainsi, des problèmes de sommeil qui durent une semaine, un régime alimentaire d'un mois, un fléchissement du rendement scolaire durant quelques semaines, tout cela ne devrait pas vous inquiéter outre mesure. Par contre, si l'écart comportemental sévit durant des mois, s'il est d'une intensité telle que votre adolescent se refuse à en parler et que cette attitude nouvelle perturbe le fonctionnement harmonieux de la famille, il peut y avoir matière à consulter. Une adolescente qui ne mange plus ou qui se fait vomir régulièrement, une autre qui ne parle à personne dans la maison ou qui est obsédée par ses notes à l'école au point où tout le monde a l'impression de partager son stress, un adolescent qui s'imagine que toute la famille conspire contre lui, voilà autant d'indices que quelque chose ne va plus.

Voici six éléments touchant le fonctionnement quotidien de votre adolescent auxquels vous devriez vous attarder lorsque vous vous interrogez sur sa santé mentale.

1) Sa santé physique. Votre enfant est-il en bonne santé physique ? À quand remonte son dernier bilan médical chez son pédiatre ou chez votre médecin de famille ? À titre d'exemple, un début de mononucléose non diagnostiquée peut être interprété à tort comme de la paresse, un manque de motivation, une baisse d'énergie ou un début de dépression. Une certaine irritabilité du caractère peut être mise sur le compte de fluctuations hormonales qui devraient être régularisées et non pas considérée comme un symptôme dépressif.

2) La qualité de son sommeil. Votre ado dort-il bien ? A-t-il de la difficulté à s'endormir? Se réveille-t-il souvent la nuit? Sa fatigue et son manque d'entrain viennent peut-être d'un manque de sommeil passager. Ses insomnies sont-elles attribuables à quelque tracasserie ? Il importe d'en chercher les causes et de les élucider avec lui. Il peut s'agir de petits soucis, plus faciles à régler qu'on ne le croit. Cela fait, il dormira mieux.

3) Son alimentation, en quantité et en qualité. En principe, votre adolescent devrait manger des portions variant de normales à... énormes ! Le remaniement métabolique hormonal et la poussée de croissance augmentent souvent l'appétit des adolescents. Leurs pics d'appétit ne concordent pas toujours avec les heures régulières des repas familiaux, mais l'essentiel est qu'ils se nourrissent suffisamment. Les filles mangent généralement moins et plus sainement que les garçons : critères socio-esthétiques obligent ! Ces dernières sont d'ailleurs plus à risque de manger insuffisamment. Des symptômes de fatigue et d'inattention en classe peuvent tout naturellement en découler.

4) Son rendement scolaire. Votre adolescent réussit-il à la mesure de ses capacités ? Certains jeunes présentent naturellement une certaine variabilité dans leur rendement scolaire. Ce n'est pas alarmant tant et aussi longtemps que chacun se maintient autour de la moyenne qui lui est propre. Toutefois, si les notes chutent de façon marquée en quelques semaines ou si votre ado manifeste tout à coup un taux record d'absentéisme scolaire, il y a lieu de se questionner.

5) Ses amis. La qualité des relations avec les amis est une variable indispensable à évaluer. Votre enfant conserve-t-il ses amitiés ? Arrive-t-il à se faire de nouveaux amis ? À s'intégrer dans un groupe ? Perd-elle ses copines une à une ? Se plaint-elle d'être délaissée, rejetée par des amies de longue date ? Il faut bien sûr avoir en tête qu'au cours de l'adolescence, les ajustements concernant les amitiés sont multiples. Elles se nouent et se dénouent à la faveur de l'évolution relationnelle et personnelle de chacun. L'adolescence est une époque de vie où les liens amicaux sont particulièrement importants. Par moments, ces liens peuvent prendre trop d'importance ou encore connaître de fortes fluctuations. C'est une caractéristique de l'adolescence, mais si votre jeune paraît en être très perturbé, il y a lieu de s'y attarder.

6) Son humeur en général. Les fluctuations de l'humeur sont très fréquentes à cet âge, il ne faut pas vous en surprendre. Les jeunes peuvent être de bonne humeur, d'humeur neutre, euphoriques, agités, irritables ou carrément grincheux. C'est l'excès dans la variabilité de l'humeur, avec les conséquences que cette variabilité entraîne sur l'atmosphère familiale, qui peuvent vous servir d'indices. Par exemple, si votre enfant change radicalement d'humeur d'une heure à l'autre ou s'il est si irritable qu'il vous est impossible d'avoir quelques secondes de conversation avec lui durant toute une semaine, ce sont là des indices qui peuvent annoncer un éventuel dérèglement de l'humeur.

De l'observation au diagnostic : à chacun son rôle

En tant que parent, vous êtes en mesure de noter les écarts de comportement et la variabilité d'humeur de votre adolescent dans son fonctionnement au quotidien. Vous êtes l'observateur privilégié qui peut recueillir toutes ces informations au jour le jour. Si vous devez consulter éventuellement un spécialiste en santé mentale pour votre fils ou votre fille, on vous questionnera assurément sur ces aspects de sa vie. Ces spécialistes utiliseront vos précieuses observations pour les aider à préciser leur diagnostic, à partir duquel ils vous proposeront des pistes de traitement.

En tant que spécialiste, chaque professionnel possède des notions théoriques et cliniques propres à la discipline dans laquelle il exerce et à partir desquelles il établit un diagnostic et un plan de traitement. Par exemple, le psychologue utilise souvent des tests (d'intelligence, de personnalité) pour l'aider à poser son diagnostic. Le travailleur social se base sur des théories décrivant la dynamique des familles saines et celles des familles en difficulté. Le psychiatre a recours, entre autres choses, à des grilles de regroupement de symptômes, colligées dans un manuel de référence qui répertorie, suivant plusieurs critères, toutes les maladies mentales connues. En Amérique, les psychiatres utilisent le DSM-IV (Manuel diagnostique et statistique des troubles mentaux) et, en Europe, ils ont recours au CIM-10 (Classification internationale des maladies).

Qu'est-ce que la maladie mentale ?

On pourrait formuler en termes négatifs le pendant de la pensée de Freud de la façon suivante : est malade mentalement ou psychologiquement l'individu qui ne parvient plus à aimer et à travailler, à jouer ou à étudier. Cette formulation freudienne synthétise très bien les critères d'une bonne ou moins bonne santé mentale.

Plus schématiquement, on peut décrire les maladies mentales comme étant des manifestations de dysfonctionnements biologiques ou psychologiques qui se traduisent par des symptômes émotionnels, comportementaux, somatiques ou cognitifs*. Il y a maladie mentale lorsqu'un ensemble de symptômes, définis selon les critères des ouvrages de référence précités, le DSM-IV ou le CIM-10, sont répertoriés.

* Breton, J.J., J.P. Valla. « Importance des troubles mentaux chez les jeunes et réactions des proches », dans *Démystifier les maladies mentales. Op.cit.* p. 2-22.

Une autre dimension se révèle importante dans l'évaluation des troubles mentaux: ce sont les facteurs de risque.

Qu'est-ce qu'un facteur de risque?

Par facteur de risque, on entend une *prédisposition* personnelle, environnementale ou biologique à développer une maladie mentale. En général, on considère les quatre catégories de facteurs de risque qui suivent.

Les caractéristiques du jeune lui-même

Il s'agit principalement de l'âge et du sexe. Les enquêtes épidémiologiques effectuées dans la population normale recensent les troubles mentaux en fonction des critères d'âge et de sexe. Puis, on utilise ces données pour établir des priorités en termes de facteurs de risque. C'est à partir de ces études que des chercheurs dégagent des observations qui serviront d'indicateurs. Par exemple, l'anorexie est majoritairement une problématique d'adolescentes, l'hyperactivité est plus fréquente chez les garçons de 6 à 12 ans, etc.

Les caractéristiques de la famille

Dans ces mêmes études épidémiologiques menées auprès d'une population générale d'enfants et d'adolescents, des facteurs liés à la famille sont recensés, analysés et certains sont associés à l'apparition de troubles mentaux chez les jeunes. Soulignons tout de suite que la présence de ces facteurs n'entraîne pas *automatiquement* des troubles mentaux chez les enfants de ces familles. Selon ces études, la monoparentalité, le dysfonctionnement de la famille (disputes, tensions, divorce, etc.) et les maladies des parents peuvent *prédisposer* certains jeunes à avoir une psychopathologie. La combinaison de ces facteurs et de plusieurs autres déterminera, en bout de ligne, s'il y a lieu de poser ou non un diagnostic de maladie mentale. Notons par ailleurs que plusieurs enfants et adolescents vivant dans ces conditions familiales « risquées » ne développeront *jamais* de maladie mentale.

Les facteurs génétiques ou l'impact de l'hérédité

Il est d'ores et déjà bien établi que, lorsque l'un ou les deux parents sont atteints d'une maladie mentale grave, leurs enfants sont plus à risque que d'autres de développer eux-mêmes cette maladie. Il est rarissime cependant que *tous* les enfants d'un couple, où la maladie mentale est présente, soient atteints de troubles mentaux. Il est aussi possible statistiquement qu'aucun des enfants ne développe de désordre psychiatrique.

Des études génétiques ont mis en évidence que certaines maladies mentales, dont la schizophrénie et la maladie affective bipolaire, ont une composante biologique, donc une transmission héréditaire possible. Rappelons que la maladie affective bipolaire présente, en alternance, des symptômes tantôt dépressifs, tantôt maniaques tels l'agitation, l'excitation et le sentiment de grandiosité. Le risque de transmission de l'un ou des gènes impliqués dans une maladie mentale donnée est plus élevé si les deux parents sont atteints. Par ailleurs, si certains facteurs génétiques favorisent l'émergence d'une maladie mentale, d'autres ont plutôt une fonction de protection du sujet.

Drogues et alcool : augmentation des facteurs de risque

Nous avons peu traité, dans le présent ouvrage, de la consommation de drogues et d'alcool chez les adolescents. Un ouvrage récent, paru dans la même collection*, porte entièrement sur cette question. Il nous semble important toutefois

* GAUDET, Étienne. *Op.cit.*

de mentionner que des habitudes de consommation peuvent contribuer à l'apparition de certains symptômes.

Vous savez sans doute qu'une consommation abusive de ces substances a un impact sur le fonctionnement de certaines structures du cerveau, induisant une désinhibition comportementale plus ou moins grande. Sous l'influence d'une forte dose de drogues ou d'alcool, l'individu peut adopter des comportements inhabituels, se montrer irréfléchi et impulsif. Cela s'explique, entre autres, par le fait que l'instance psychique qui fait que l'être humain se comporte correctement en société, le *surmoi*, est considérablement affaiblie par la prise excessive de drogues ou d'alcool. L'individu perd alors le contrôle sur les règles morales qui gouvernent normalement sa conduite, ouvrant la voie à l'expression d'émotions plus crues ou à des comportements parfois déviants. Il se peut alors que certaines personnes commettent des délits ou des actes excessifs, adoptent un comportement sexuellement provocateur, etc. Et il est possible que, sous l'effet euphorisant de certaines drogues ou de l'alcool, un adolescent triste, dépressif, en vienne à poser plus facilement un geste suicidaire. Consommer ces substances constitue donc un facteur de risque significatif.

Par ailleurs, nous voyons fréquemment en clinique des jeunes qui consomment drogues et alcool en guise de traitement pour contrer un malaise qu'ils ressentent. Ils *s'automédicamentent* en quelque sorte pour chasser une émotion trouble, un malaise diffus ou plus aigu. Certains s'enivrent ou se droguent pour anesthésier la douleur liée à la perte d'un être cher, à un projet qui tombe, etc. Ils ne veulent pas ressentir de tristesse, ils souhaitent chasser un sentiment de stress envahissant ou encore ils cherchent à se détendre, ne trouvant aucune autre source d'apaisement.

La consommation régulière ou abusive de drogues et d'alcool entraîne des problèmes majeurs. Elle crée notamment une dépendance progressive à la substance et elle peut aussi, à la longue ou en période de sevrage, induire l'état que le jeune cherche tant à combattre. Par exemple, c'est ce qui peut se produire avec la marijuana consommée de façon régulière, plusieurs fois par semaine. Lorsqu'il n'a plus de drogues dans son organisme, l'adolescent peut se sentir encore plus anxieux qu'il ne l'était avant de la consommer. Il est alors porté à augmenter la dose ou la fréquence et il se retrouve rapidement dans un cercle vicieux. Il commence à fumer pour diminuer son anxiété, mais à la longue, il finit par obtenir l'effet contraire : son anxiété augmente.

C'est pourquoi, lorsqu'une maladie mentale est diagnostiquée, les psychiatres – leur avis est généralement partagé par les professionnels qui travaillent avec eux –, préfèrent lorsque cela est indiqué, prescrire une médication pour traiter le problème, plutôt que de laisser le jeune s'empêtrer dans ses propres « solutions médicamenteuses » à risque. Étonnamment, quand les ados qui se droguent pour chasser l'inconfort lié à leur maladie mentale acceptent de reconnaître qu'ils souffrent de dépression ou d'anxiété, ils consentent plus facilement à prendre les pilules conçues pour traiter et soulager leur maladie. Cette médication est évidemment donnée sous contrôle médical. Cela n'exclut pas quelques récidives de consommation de leur part. Il faut donc bien les informer des effets combinés des substances qu'ils prennent et de leur médication.

Donner des pilules à mon enfant ? Mais il n'est pas fou !

Voilà un commentaire que nous entendons très souvent de la part de parents d'adolescents auxquels le psychiatre songe à offrir une médication. Précisons ici que la médication relève de la compétence du médecin et qu'il n'est pas dans notre intention d'en traiter de façon détaillée même si nous en constatons, à titre de psychologue, les effets sur le comportement et l'humeur des jeunes.

Il va de soi que tout médicament comporte des effets secondaires. Il convient de vous montrer vigilant et de vous renseigner sur tous ses effets possibles. Si votre enfant était atteint de pneumonie, vous n'hésiteriez pas à accepter qu'il prenne la pilule pouvant le guérir. Dans le cas des maladies mentales, comme l'effet de la médication affecte principalement le fonctionnement du cerveau, les gens se montrent plus réticents. Et à raison. Un antibiotique combat une bactérie en un temps prévu et l'état du patient indique rapidement si le traitement est efficace: lorsque les symptômes (fièvre, vomissements, etc.) ont disparu, le patient est guéri et la médication est bientôt interrompue.

Il n'en va pas tout à fait ainsi avec la médication psychiatrique. Certains médicaments, comme les anxiolytiques ou des psychostimulants (par exemple, le méthylphénidate, connu sous son nom commercial de Ritalin) agissent très rapidement. D'autres, comme les antidépresseurs, peuvent mettre de quelques jours à quelques semaines avant que leur effet ne soit ressenti dans l'organisme. Leur impact est aussi moins spectaculaire et plus difficile à observer et à objectiver que l'effet d'un antibiotique classique. Si bien que l'on peut douter de l'efficacité réelle de la médication psychiatrique et se dire que le comportement de la personne se serait peut-être autant amélioré sans le recours à cette pilule. Et il est possible que cela soit vrai !

Mais lorsqu'un problème de santé mentale perdure, qu'il nuit au développement de l'adolescent, qu'il handicape son fonctionnement social ou son rendement scolaire depuis longtemps et qu'il induit en conséquence une période de découragement ou un état dépressif ou suicidaire, il est préférable de procéder à un essai médicamenteux. Il est exceptionnel que l'état psychiatrique d'un adolescent exige qu'il prenne des pilules durant des années, sans interruption. Une prescription pertinente peut, par exemple, améliorer de manière significative l'attention et la concentration. Certains ados y voient une telle différence dans leurs résultats scolaires qu'ils n'oublient pas de prendre le comprimé ! Les anxiolytiques aussi contribuent à apaiser certains jeunes en état de panique. Bien dosés et pris avec circonspection, ils ont une portée thérapeutique notable. Quant aux antidépresseurs, ils agissent à la manière d'un filtre sur les états anxio-dépressifs : ils les atténuent mais ne les font pas complètement disparaître. C'est pourquoi ils sont rarement utilisés seuls, comme la plupart des médicaments psychotropes prescrits. En général, ils font partie d'un plan d'intervention beaucoup plus large qui peut aussi comprendre de la psychothérapie, un suivi parental, une aide orthopédagogique, des techniques de relaxation, une thérapie familiale ou de groupe, etc.

Le recours à la pharmacothérapie est maintenant plus fréquent qu'avant dans le traitement des maladies mentales, y compris pour les enfants et les adolescents. Les progrès accomplis quant à l'efficacité des médicaments psychiatriques depuis une décennie sont considérables. Il vous est toujours possible de refuser une telle médication. Il est souhaitable toutefois que vous ne rejetiez pas d'emblée cette opportunité sans y avoir réfléchi et vous être renseigné au préalable. Le médecin psychiatre documentera les motifs qui l'incitent à penser à la pharmacothérapie pour votre enfant. Il vous informera des effets thérapeutiques attendus, des effets secondaires possibles et aussi des conséquences anticipées s'il ne médicamente pas votre jeune pour le problème qu'il présente. Prenez le temps de peser le pour et le contre et discutez-en le plus objectivement possible avec votre adolescent. La médication n'est certes pas toujours indispensable, mais elle se révèle d'un soutien surprenant dans bien des cas.

Deuxième partie

Présentation de quelques maladies mentales de l'adolescence

Dans les pages suivantes, nous décrirons de manière synthétique certaines des maladies mentales les plus fréquemment rencontrées durant l'adolescence. Pour en faciliter la compréhension, nous avons conçu une présentation schématique qui revient d'une problématique à l'autre : définition de la maladie et énumération nécessaire et pratique des symptômes. De plus, des vignettes cliniques illustrent la description des problématiques choisies. Il s'agit de brèves histoires de cas, inspirées de situations réelles de patients rencontrés ou de cas portés à notre attention lors d'échanges cliniques avec d'autres professionnels en santé mentale. Ce sont des extraits qui ne rendent pas compte de l'ensemble de la psychopathologie décrite. Mais ils nous ont semblé suffisamment documentés pour être d'une utilisation pertinente. En somme, ce qui suit a pour but de vous éclairer davantage quant à la conduite à adopter avec votre adolescent en difficulté.

Pour dresser la liste des divers symptômes associés aux psychopathologies présentées, nous avons eu recours au DSM-IV. Nous ne recensons évidemment pas toutes les informations de ce manuel concernant une pathologie donnée, puisque le DSM-IV est destiné aux professionnels. Mais il est bon de savoir reconnaître des symptômes ainsi que l'anormalité de leur fréquence et de leur durée pour déterminer quel comportement nécessite une démarche de consultation. Ce sont ces points de repère qui peuvent vous être utiles que nous avons voulu mettre en évidence. Il faut savoir toutefois que ces symptômes sont plus complexes à saisir que la description sommaire que nous en faisons. Ils doivent être corrélés avec d'autres manifestations du comportement de votre adolescent, y compris ses ressources personnelles, sociales et son potentiel d'évolution et de changement. Il va de soi que vous ne deviendrez pas un spécialiste en santé mentale après la lecture des pages qui suivent. Émettre un diagnostic est une tâche complexe qui exige souvent la mise en commun des compétences de toute une équipe multidisciplinaire.

L'adolescent anxieux

L'anxiété est un état psychique caractérisé par l'anticipation d'un danger imminent. Elle suscite une tension musculaire, un malaise, de la peur et un sentiment d'impuissance. Il s'agit d'une réaction émotionnelle de vive inquiétude qui naît de l'incertitude d'une situation ou de l'appréhension d'un événement. L'arrivée de l'adolescence et les défis nouveaux qu'elle amène sont appréhendés par les jeunes. Négocier l'éloignement des figures parentales et de la famille ne peut que susciter une certaine anxiété de séparation.

Les réactions d'anxiété peuvent être saines et adéquates lorsqu'elles sont relativement bien contenues, par exemple celles précédant une performance artistique ponctuelle. Mais l'état est considéré pathologique lorsque l'anxiété ressentie est assez forte pour altérer de façon significative le fonctionnement quotidien d'un adolescent. Pour en arriver à cet état, il faut qu'au-delà du stress propre à ce stade de développement, votre adolescent ait une prédisposition neurobiologique à être anxieux. Plus jeune, il devait déjà avoir un tempérament anxieux; peut-être le trouviez-vous souvent « nerveux » ou « stressé » comparativement aux enfants de son âge?

L'appellation diagnostique globale est « trouble anxieux ». Cette appellation comprend près d'une quinzaine de sous-catégories, c'est-à-dire autant de regroupements de manifestations symptomatiques et cliniques différentes d'anxiété. Nous vous présentons trois de ces sous-catégories diagnostiques les plus fréquentes chez les adolescents: l'anxiété généralisée, la phobie sociale et le trouble panique.

La prévalence est la fréquence d'apparition en pourcentage d'une maladie (ici il s'agit d'une maladie mentale) dans la population en général, à une époque donnée. En ce qui concerne les troubles anxieux, des études récentes mettent en évidence qu'entre 5,7 % et 7,7 % des enfants et adolescents sont atteints d'un trouble anxieux.

L'anxiété généralisée

Chez les enfants et les adolescents, ce trouble se caractérise par des préoccupations irréalistes et excessives concernant certains événements ou activités, et cela durant au moins six mois. Il peut s'agir d'une vive inquiétude concernant le rendement scolaire, par exemple. Les principaux symptômes sont les suivants:

- difficulté à contrôler ses soucis;
- agitation ou sensation d'être à bout;
- fatigabilité;
- difficultés de concentration;
- irritabilité;
- tension musculaire;
- difficultés à s'endormir, à rester endormi ou à se sentir reposé au réveil.

Notez que ces symptômes n'ont pas à être tous présents pour conclure à l'existence d'un trouble anxieux.

Noémie a les yeux cernés et le teint pâle. Première de classe, elle a une grande facilité d'apprentissage. Toutefois, elle n'est jamais certaine d'avoir assez étudié. Depuis son entrée au secondaire, elle multiplie les heures d'études soir après soir et consacre à ses travaux scolaires de plus en plus de temps les fins de semaine. Lorsqu'elle est en période d'examens, elle se réveille plusieurs fois la nuit, inquiète de ne pas se souvenir de toute la matière étudiée la veille. Ses parents en parlent avec le professeur responsable qui s'en montre très étonné : Noémie comprend très rapidement en classe et la majorité des élèves de son niveau étudient trois fois moins qu'elle. Malgré les tentatives de ses parents et du professeur pour la rassurer, elle maintient sa cadence d'études et, après quelques mois, se plaint d'être très fatiguée. Elle se concentre de plus en plus difficilement, ce qui augmente son inquiétude, sa nervosité et sa difficulté à dormir toutes ses nuits.

? Que faire alors ?

Si, malgré vos interventions et celles des professeurs pour le rassurer, votre enfant, à l'instar de Noémie, se montre tout aussi anxieux, vous devriez consulter un professionnel en milieu scolaire, votre médecin de famille ou son pédiatre. Après avoir éliminé toute cause organique, ceux-ci peuvent alors le référer pour qu'il apprenne des techniques de relaxation ou tenter une légère médication pour l'aider à dormir. Si ces interventions et certaines autres initiées à la maison (limiter le temps d'étude, l'inciter à des activités relaxantes ou distrayantes avec d'autres membres de la famille) ne réussissent pas à réduire ses symptômes, il faut discuter avec votre médecin traitant de la possibilité d'une consultation en pédopsychiatrie ou auprès d'un psychiatre ou d'un psychologue en pratique privée. Ils pourront recommander une approche thérapeutique individuelle ou familiale, assortie de rencontres de soutien parental au besoin et, si nécessaire, d'une médication appropriée. Ces rencontres ont pour but d'explorer de nouvelles avenues afin d'aider votre enfant à mieux reconnaître et contrôler son anxiété.

Les phobies

La caractéristique principale des phobies consiste en une crainte marquée et déraisonnable à l'égard d'une situation ou d'un objet spécifique. Nous traiterons de deux modes de présentation fréquents à l'adolescence : le *refus scolaire* et la *phobie sociale.*

Si la phobie scolaire n'est pas une appellation diagnostique en soi, elle constitue néanmoins un problème réel et courant. Il s'agit d'une forme d'anxiété de séparation qui se manifeste par un refus progressif ou catégorique d'aller à l'école.

Le tableau clinique est le suivant :

- refus d'aller à l'école ;
- plaintes physiques vagues telles que maux de ventre, maux de tête, étourdissements, etc.

Ces symptômes se manifestent surtout le dimanche soir ou tôt en matinée, avant le départ pour l'école. Une fois qu'il est décidé que l'adolescent n'ira pas à l'école cette journée-là, les maux physiques disparaissent rapidement. Mais ils peuvent revenir le lendemain, au moment du départ pour l'école. S'il n'y a pas de classe le lendemain, l'état de bien-être se poursuit généralement.

Évelyne, 13 ans, est perturbée par l'annonce du divorce de ses parents. Les disputes entre ces derniers ont connu une telle escalade qu'elle craint que son père ne frappe sa mère. Du jour au lendemain, elle éprouve des maux de ventre et des étourdissements au coucher et tôt en matinée. Sa mère, déjà fragilisée par la relation difficile avec son conjoint, la garde auprès d'elle à la maison pendant quelques jours ; les symptômes disparaissent rapidement. Après un week-end marqué par un accroissement de la tension conjugale, les symptômes d'Évelyne réapparaissent. Elle ne se rend pas à l'école le lundi matin et déclare qu'elle n'y retournera plus.

Le refus scolaire peut être causé par un inconfort réel en situation scolaire. Cependant, comme dans tous les troubles anxieux, une prédisposition neurobiologique favorise l'apparition des symptômes anxieux lorsque les individus qui en sont atteints se trouvent en situation de stress. Il se peut aussi qu'un dysfonctionnement relationnel entre un parent et un enfant soit à l'origine de la phobie scolaire. Ceux-ci s'allient dans le but inconscient de se retrouver ensemble pour se rassurer, se protéger ou se consoler. Il semble que cela soit en partie le cas d'Évelyne. Elle s'inquiète pour sa mère qui traverse une période de stress conjugal, celui-ci se répercutant sur la vie familiale et donc sur Évelyne.

Que faire alors ?

Dans un premier temps, il est recommandé de discuter du refus scolaire de votre enfant avec les intervenants scolaires. Les professionnels œuvrant dans les écoles (psychologues, travailleurs sociaux, psychoéducateurs) savent traiter adéquatement les cas légers et permettent ainsi une reprise rapide du fonctionnement scolaire.

Une consultation auprès de spécialistes en santé mentale paraît indiquée pour aider à régler un refus scolaire qui persiste au-delà du premier niveau d'intervention à l'école. Il ne faut pas tarder à chercher de l'aide parce que ce type d'anxiété peut s'installer rapidement et solidement, compromettant souvent la réussite scolaire. Il faut surtout éviter de retirer votre enfant de l'école. Si vous l'avez fait, vous devez fermement mettre en place le processus de retour en classe le plus vite possible. Si l'absentéisme dure depuis un certain temps, il ne sera pas facile de modifier la situation. Vous aurez besoin du soutien de professionnels pour votre adolescent, mais aussi pour vous-même. En effet, vous risquez d'être vite à bout d'arguments et de ressources pour réussir à le réintroduire à l'école. Si le problème est confié assez rapidement à des intervenants spécialisés, quelques rencontres peuvent suffire pour que votre jeune retrouve le chemin des écoliers.

La phobie sociale est caractérisée par une peur marquée et persistante de se retrouver en situation sociale ou de performance, comme c'est le cas à l'école. L'individu craint la critique, le jugement des autres et s'imagine ne pouvoir qu'être humilié, maladroit ou embarrassé dans pareilles situations.

Le tableau clinique se présente comme suit :

- l'anticipation ou l'exposition à la situation sociale redoutée crée une anxiété déraisonnable qui peut mener à une attaque de panique ;
- certains adolescents sont capables de reconnaître le caractère excessif et irraisonné de leur peur ;
- les situations sociales ou de performance sont évitées ou, si l'évitement est impossible, ces situations sont vécues avec une anxiété et une détresse intenses.

Jérôme, 14 ans, perd le goût d'aller à l'école. Il n'aime pas se retrouver en groupe. Mais il s'y sent contraint parce que « tout le monde fait partie d'une gang au secondaire ». Il a toujours privilégié les activités solitaires, simplement par goût, soutient-il. Depuis quelque temps, sans en informer ses parents, il revient à la maison à l'heure du midi parce qu'il ne veut pas être obligé de se retrouver avec d'autres pour le repas. Il lui arrive aussi de ne pas retourner en classe l'après-midi. Lorsqu'il s'y rend, il revient à pied, même si la distance est grande entre l'école et la maison. Jérôme prétend que marcher est bien meilleur pour sa santé. Il a hâte de terminer l'école pour de bon; il en a marre des examens et de ses notes de plus en plus mauvaises. Il aimerait bien suivre des cours par correspondance. Il est certain qu'il se sentirait plus heureux ainsi.

Jérôme présente un début de phobie sociale qui se manifeste d'abord en contexte scolaire et qui tend à s'étendre à l'utilisation des transports en commun. Il est agacé par l'évaluation de ses professeurs, au point où il rêve de ne plus devoir fréquenter l'école et affronter cette situation de stress bientôt intolérable.

Que faire alors ?

Le traitement le plus souvent recommandé consiste en une thérapie individuelle. Cette thérapie est parfois associée à une prise de médication, au début de la thérapie du moins, dans l'espoir de diminuer sensiblement l'anxiété grandissante et de favoriser le retour rapide en classe.

Le trouble panique

Le trouble panique se caractérise par la survenue à répétition d'attaques de panique. Ces états de panique se déclenchent sans « motif » extérieur apparent et étonnent généralement tout autant l'entourage de la personne atteinte que la personne elle-même. Ces attaques peuvent survenir de manière isolée ou dans un tableau d'agoraphobie, cette peur de se retrouver dans des situations ou des endroits où la fuite est perçue comme impossible ou gênante.

Les attaques de panique se distinguent par leur caractère soudain. Elles gagnent vite en intensité et leur durée, plutôt brève comparativement aux autres troubles anxieux, est bien délimitée. Le malaise est intense et comporte au moins quatre des symptômes suivants :

- palpitations, accélération du rythme cardiaque;
- transpiration;
- tremblements, spasmes musculaires;
- impression d'étouffer, de manquer d'air;
- sensation d'étranglement;
- douleur dans la poitrine;
- nausée, maux de ventre;
- sensation de vertige, peur de s'évanouir;
- sensation d'être détaché de soi;
- peur de perdre le contrôle de soi, de devenir fou, de mourir;
- sensations d'engourdissements, de picotements;
- frissons ou bouffées de chaleur.

Béatrice, 15 ans, est amenée à l'urgence de l'hôpital par ses deux parents : ils croient tous qu'elle subit une grave crise d'asthme ou, pire encore, qu'elle a un problème cardiaque. Elle est paniquée, sue abondamment, respire difficilement et elle entend son cœur battre vite et très fort. Elle pense qu'elle va en mourir. Elle ne comprend pas ce qui lui arrive et ne peut envisager que ce malaise soit d'origine psychologique, comme le laisse entendre le médecin qui la rencontre à l'urgence.

? Que faire alors ?

Si vous consultez en urgence pour votre adolescent dans un contexte comparable à celui de Béatrice et de ses parents, la procédure d'intervention habituelle consiste d'abord en une évaluation faite par un médecin qui a pour but de découvrir si les symptômes présentés sont attribuables à un problème de santé physique. Si ce n'est pas le cas, il peut choisir de donner une médication relaxante à votre enfant et le référer par la suite à un professionnel compétent pour traiter cette pathologie. Généralement, un traitement est vite amorcé. Il s'agit le plus souvent pour l'adolescent d'entreprendre une thérapie individuelle pour l'aider à identifier les signes précurseurs de ses attaques, puisqu'il y en aura vraisemblablement d'autres. Votre adolescent et son thérapeute cibleront ensemble des stratégies cognitives pour qu'il apprenne progressivement à se contrôler durant ses moments de panique. Il est aussi possible qu'il ait à prendre une médication apaisante sur une base quotidienne ou seulement en cas de besoin. Il faut envisager un suivi thérapeutique à moyen ou à long terme, auquel l'équipe traitante vous invitera probablement à participer. Vous pourrez ainsi vous sensibiliser à la maladie de votre adolescent et collaborer vous aussi à la recherche de solutions pour lui venir en aide.

L'adolescent dépressif

Dans les chapitres précédents, on a plus d'une fois évoqué le vague à l'âme typique des jeunes adolescents, ce qu'il est convenu d'appeler l'*ado blues*. L'adolescent quitte avec ambivalence la sécurité du monde de l'enfance pour se tourner vers des rencontres et des activités encore inconnues. Ces mouvements dépressifs, légers et récurrents, peuvent se manifester à quelques reprises durant l'adolescence. Ce sont là des réactions dépressives normales qui disparaissent vers la fin de l'adolescence. Il se peut toutefois que cette humeur dépressive s'amplifie, s'installe et envahisse le quotidien de votre enfant, au point de susciter en vous inquiétudes et questionnements. Il peut s'agir d'un début de dépression et, si tel est le cas, votre adolescent aura besoin d'être traité.

La dépression fait partie d'une vaste catégorie diagnostique, celle des troubles de l'humeur. Cette catégorie comporte les maladies dont la caractéristique principale est une perturbation de l'humeur : humeur triste, irritable ou euphorique par exemple. Plus d'une dizaine de sous-catégories sont répertoriées dans les troubles de l'humeur ; elles sont classées suivant trois grandes catégories. Nous nous attardons à deux d'entre elles, le *trouble dépressif* et le *trouble bipolaire*, sans définir toutefois les ramifications diagnostiques de chacune. Cette analyse en profondeur revient aux professionnels de la santé mentale dont le mandat est d'établir de quel type de trouble de l'humeur souffre un individu, afin d'en déterminer par la suite le plan de traitement approprié.

Les troubles dépressifs : la dépression majeure

Malgré son appellation, la dépression majeure peut être d'intensité légère, moyenne ou sévère. Quoi qu'il en soit, dès que votre adolescent reçoit un diagnostic de dépression majeure, il devrait être traité, peu importe la sévérité de l'atteinte.

Cinq des critères diagnostiques suivants doivent être présents pour que le diagnostic de dépression majeure soit posé. On doit pouvoir identifier les symptômes durant au moins deux semaines de façon continue, c'est-à-dire toute la journée et presque tous les jours.

- irritabilité marquée, humeur dépressive ;
- diminution marquée de l'intérêt et du plaisir dans presque toutes les activités que votre adolescent aimait pratiquer ;
- perte de poids, diminution de l'appétit ou augmentation de poids et de l'appétit ;

- insomnie ou hypersomnie;
- agitation ou ralentissement au plan moteur;
- fatigue, perte d'énergie;
- autodépréciation;
- sentiment de culpabilité excessive ou inappropriée;
- baisse de l'attention, de la concentration;
- indécision;
- idées de mort récurrentes (pas uniquement la peur de mourir) avec ou sans plan précis, ou tentative de suicide.

En ce qui concerne la prévalence, on estime qu'entre 4 % et 8 % des adolescents souffrent de dépression majeure. Les filles en sont plus atteintes que les garçons.

Marie-Hélène, 16 ans, est conduite à l'urgence de l'hôpital par ses deux parents. Amaigrie, elle se plaint de toujours s'endormir bien qu'elle dorme dix heures par nuit et qu'elle fasse une sieste au retour de l'école. Elle qui pratiquait la gymnastique avec succès dit n'avoir ni le goût ni l'énergie d'en faire depuis quelques mois. Elle a de la difficulté à suivre le cours de son entretien avec le médecin. Elle pleure beaucoup, tout comme son père qui se dit actuellement suivi pour dépression. Plusieurs personnes de sa famille ont déjà souffert de dépression. La mère nous fait remarquer que l'état actuel de sa fille ressemble à celui de son mari lorsqu'il tarde à se soigner : triste sans savoir pourquoi, pleurant beaucoup sans pouvoir s'arrêter. Marie-Hélène ne pense pas à mourir, mais elle voudrait tant quitter cet état.

Pénélope aussi est vue à l'urgence. Elle a 17 ans, ses parents sont en processus de séparation. Cette séparation coïncide avec une autre : le départ en appartement de ses aînés, un frère et une sœur. Depuis qu'elle est adolescente, elle connaît de « mauvaises périodes » pendant lesquelles elle se sent envahie par la tristesse. Elle n'a alors plus le goût de voir ses amis ou d'aller danser. On lui reproche d'être de « mauvais poil ». Son rendement scolaire a toujours été fluctuant, et cette oscillation s'est accentuée depuis le secondaire. Elle a repris son secondaire 1 et craint d'échouer l'année en cours (secondaire 4). Elle se dit découragée. Elle ressent un «grand vide qui se creuse à l'intérieur d'elle». Elle l'attribue au fait qu'elle se retrouve seule à la maison avec sa mère. Cette dernière pleure sans arrêt et considère que sa vie est terminée. Pénélope voudrait que sa mère voit aussi un psy, car elle craint qu'elle ne s'enlève la vie. Elle pense souvent à la mort, à la sienne en particulier: morte, elle ne souffrirait plus.

Ces deux jeunes filles vivent un épisode dépressif majeur. Dans le cas de Marie-Hélène, le facteur héréditaire semble déterminant. L'un des parents de Pénélope est aussi en dépression, mais il est plus difficile de savoir si la réaction dépressive de sa mère est liée à la neurobiologie ou aux événements difficiles qu'elle traverse. Une différence importante les distingue cependant: Marie-Hélène ne semble pas avoir d'idées suicidaires, alors que chez Pénélope les idées de mort sont bien présentes.

Que faire alors?

Marie-Hélène est d'abord hospitalisée quelques semaines en psychiatrie, le temps de lui trouver une médication qui puisse endiguer le flot de tristesse et lui faire retrouver son énergie. Après l'hospitalisation, elle est référée en clinique externe pour une psychothérapie avec un psychologue, pendant qu'un psychiatre voit au suivi de sa médication. À la demande des parents, une travailleuse sociale les rencontre pour les soutenir et les guider quant à la meilleure attitude à adopter avec Marie-Hélène à la maison. Il s'agit là d'un suivi type pour une dépression majeure. Après six mois, Marie-Hélène sera rétablie. Le traitement se poursuivra encore pour une autre période de six mois, puis il sera espacé pendant les quelques mois suivants. La médication sera progressivement arrêtée. Marie-Hélène vivra peut-être un autre épisode dépressif d'ici quelques années. Dans ce cas, sa famille et elle sauront comment réagir.

Il est plus difficile d'entreprendre un traitement avec une patiente comme Pénélope. Elle refuse l'hospitalisation et la médication, sous prétexte qu'elle n'est pas « malade mentale ». Elle est d'accord toutefois pour que sa thérapeute échange sur le plan clinique avec une psychoéducatrice de son école. Ces deux intervenantes discutent régulièrement de l'évolution clinique de Pénélope. Les parents, pour des raisons différentes, ne s'impliquent pas dans le traitement. La mère est trop déprimée pour s'occuper de sa fille, mais elle s'en inquiète et accepte la recommandation de consulter pour elle-même. Quant au père, il est tellement amoureux de sa nouvelle compagne qu'il n'arrive pas à saisir le désarroi de sa fille. Pénélope se montre intéressée par une activité parascolaire artistique qui lui procure un certain réconfort. Cependant, durant plusieurs mois, son état demeure stagnant. Elle s'ouvrira peu à peu à sa thérapeute et acceptera finalement de prendre une médication.

À l'adolescence, les jeunes critiquent et s'opposent à la volonté des adultes en autorité. Ils ont souvent cette même attitude avec les intervenants, et il devient parfois difficile de faire en sorte qu'ils appliquent le traitement proposé. Malheureusement, dans ces conditions, la maladie continue de se développer et le fonctionnement au quotidien demeure problématique.

Il faut parfois les amener à consulter malgré eux. Vous le feriez si vous aviez la crainte d'un début de maladie physique sérieuse chez votre adolescent, un diabète ou un cancer par exemple. Dites-lui bien que cela ne vous réjouit pas d'insister à ce point. Mais ne serait-ce que pour calmer vos inquiétudes – et probablement les siennes –, l'avis d'un médecin ou d'un autre spécialiste vous permettrait de savoir à quoi vous en tenir.

Les troubles dépressifs : le trouble dysthymique

Le trouble dysthymique fait penser à une petite dépression. Les symptômes sont moins sévères que dans la dépression majeure, mais ils sont persistants. Cet état peut devenir chronique et se maintenir durant quelques années. Les idées suicidaires, chez les personnes qui en souffrent, ne sont pas à l'avant-plan. Ces dernières reçoivent peu ou pas de médication et il est plutôt rare qu'elles soient hospitalisées.

Le trouble bipolaire

La variabilité de l'humeur caractérise le trouble bipolaire. Ainsi, la personne atteinte traverse des épisodes dépressifs pendant lesquels l'humeur triste et l'irritabilité dominent, en alternance avec des périodes dites maniaques au cours desquelles l'humeur devient euphorique et le comportement agité. Cette instabilité de l'humeur se produit par cycles qui se succèdent et leur alternance est plus ou moins rapide.

Les critères diagnostiques de la dépression majeure se retrouvent dans les épisodes dépressifs du trouble bipolaire. Pour l'épisode maniaque, trois des symptômes suivants qui le caractérisent doivent être répertoriés pendant au moins une semaine :

- estime de soi accrue, idées de grandeur ;
- nette diminution du besoin de sommeil ;
- besoin de parler, grande verbalisation ;
- fuite des idées ou sensation subjective que les pensées se bousculent ;
- attention facilement accaparée par des stimuli extérieurs sans importance ;
- agitation marquée (sur les plans social, scolaire ou sexuel) ;

- engagement excessif dans des activités agréables mais à potentiel élevé de conséquences dommageables: dépenses et achats déraisonnables, promiscuité sexuelle, etc.

En ce qui concerne la prévalence, il faut dire que le premier épisode d'un trouble bipolaire est souvent essentiellement dépressif, ce qui en complique le recensement exact. Il est plus difficile de poser un diagnostic d'épisode maniaque à l'adolescence, puisque cette période est vécue par de nombreux jeunes comme étant en soi une période d'agitation, d'euphorie et de comportements déraisonnables! Il est donc bien difficile d'obtenir des données précises mais certaines études rapportent un taux de prévalence oscillant entre 0,6 % et 1 %.

Christophe est un superbe adolescent de 16 ans. Ses amis le destinent à une carrière d'acteur: il a le physique de l'emploi et l'émotivité toujours à fleur de peau. Depuis deux ans, il a connu quelques épisodes dépressifs qui se sont résorbés d'eux-mêmes grâce, dit-il, au soutien de ses amis. Ses deux parents sont des figures publiques. Sa mère est une brillante artiste reconnue pour ses extravagances et ses spectaculaires sautes d'humeur. Quant à son père, c'est un bourreau de travail, un infatigable, peu présent à la maison. Christophe est enfant unique et il bénéficie d'une grande liberté. Il dit consommer des «drogues douces» à l'occasion, mais on peut penser qu'il en consomme davantage. Son rendement scolaire est à la baisse. Trouvant qu'il est peu à son affaire, ses parents l'envoient consulter une psychologue de leur connaissance qui le réfère à une clinique pédopsychiatrique. Il arrive une journée à l'avance pour son deuxième entretien: très fébrile, il parle abondamment d'une expérience exaltante qu'il vit actuellement. Il est débordant d'énergie et n'a pas dormi depuis cinq jours ou presque. Il a fait la tournée des discothèques et des maisons de jeunes où il a fêté avec ses amis et des inconnus. Il a retiré de l'argent avec la carte de débit de son père et payé les consommations de tous ceux qui le suivaient. Hier, il a loué une somptueuse chambre d'hôtel pour lui et quelques-uns de ses amis. Il ne se souvient plus très bien de ce qui s'y est passé parce qu'il avait pris de l'alcool, mais il décrit un scénario d'échanges sexuels frénétiques.

Que faire alors ?

Christophe vit un épisode d'allure maniaque. Sa mère semble avoir une humeur fluctuante et l'histoire révélera qu'elle a été traitée en psychiatrie plusieurs fois, tant pour des moments dépressifs sévères que pour certaines extravagances dans son comportement qui faisaient qu'elle devenait non fonctionnelle au quotidien. D'ailleurs, c'est souvent Christophe qui alertait son père lorsque, par exemple, à tous les printemps, sa mère entreprenait de jardiner nuit et jour, oubliant de manger et de se laver, sous prétexte qu'elle devait célébrer l'arrivée du printemps. Informée de l'état de son fils, elle reconnaît avec les spécialistes que son agitation ne relève pas d'une frasque de jeunesse. Avec une grande tristesse, elle admet reconnaître chez lui les signes de sa propre maladie. Christophe accepte l'hospitalisation et, dès son arrivée à l'unité, propose de changer l'atmosphère des lieux et de faire la fête. Il est hospitalisé jusqu'à la stabilisation de son humeur. À cet effet, une médication lui a été administrée. De plus, l'équipe traitante applique un plan de soins qui vise à le renseigner sur sa maladie et à déterminer, en collaboration avec ses parents, les moyens à mettre en place au quotidien pour tenter d'identifier et de mieux contenir ses excès d'humeur et de comportement.

Le trouble bipolaire : le trouble cyclothymique

Le trouble cyclothymique est au trouble bipolaire ce que le trouble dysthymique est à la dépression majeure. Le trouble cyclothymique se caractérise aussi par une fluctuation de l'humeur, mais les épisodes dépressifs et euphoriques (dits hypomaniaques) sont moins aigus et plus brefs que dans le trouble bipolaire. Cette psychopathologie peut devenir chronique et l'adolescent qui en est atteint gagne à consulter. Il y apprend à mieux comprendre la dynamique sous-jacente à sa maladie et à développer des moyens pour vivre plus harmonieusement avec ses fluctuations d'humeur.

L'adolescent qui vit dans son monde – Troubles psychotiques : la schizophrénie

« Les psychoses sont le groupe de maladies mentales qui frappent le plus l'imagination populaire parce qu'on les associe à la folie*. »

De fait, les individus souffrant de psychose se démarquent par leur comportement souvent qualifié d'étrange, de bizarre et de rebutant : ils sont en perte de contact avec la réalité. Ils tiennent alors des propos incohérents et peuvent être en proie à des idées délirantes et à des hallucinations : ils se parlent à eux-mêmes, croient qu'un personnage maléfique les poursuit, qu'un animateur de la télévision leur adresse des messages personnels, etc.

La schizophrénie fait partie de la catégorie des troubles psychotiques. On remarque chez les patients atteints par cette maladie qu'elle affecte les processus de pensée ; le fonctionnement de certaines structures du cerveau présente aussi des anomalies. Autant les individus ayant un trouble anxieux ou un trouble de l'humeur peuvent être attachants, malgré leur

---

* GAGNON, A. « Les psychoses à l'adolescence », dans *Démystifier les maladies mentales*. *Op.cit.* p. 294.

maladie, autant les patients atteints de schizophrénie sont peu communicatifs, froids et préfèrent vivre en retrait.

La prévalence rapportée pour la schizophrénie varie en fonction des critères de mesure des différentes études et de la définition restrictive ou plus large qu'on en fait. Les taux de prévalence sont comparables partout dans le monde et on estime qu'il se situe entre 0,5 % et 1 %. Un nouveau cas pour 10 000 personnes est recensé chaque année. La maladie se déclare généralement à la fin de l'adolescence ou au début de l'âge adulte chez les garçons et un peu plus tard, en moyenne au milieu de la vingtaine, chez les filles. Un enfant sur cinq d'un parent diagnostiqué schizophrène est à risque de développer la maladie.

Voici le tableau symptomatique de la schizophrénie. Entre autres critères, ces symptômes doivent pouvoir être observés durant une période d'au moins six mois, avant de conclure à ce diagnostic :

- idées délirantes ;
- hallucinations ;
- langage désorganisé (souvent incohérent, beaucoup de coq-à-l'âne) ;
- comportement clairement désorganisé ou catatonique (c'est-à-dire une perte de la spontanéité et de l'initiative motrices, de l'inertie et un négativisme ; un comportement moteur plus ou moins permanent qui ne répond pas aux stimulations venant de l'environnement et qui s'accompagne souvent d'impulsions ou de gestes stéréotypés – maniérismes, tics de balancement – et d'un maintien d'attitudes de raideur);
- symptômes négatifs, c'est-à-dire perte de volonté, absence d'émotion, dysfonctionnement social ou scolaire.

Thomas est âgé de 17 ans. Il vit seul avec sa mère; il ne connaît pas son père. Il ne va plus du tout à l'école depuis trois mois. Sa mère, qui le croyait épuisé, a choisi de le laisser se reposer, espérant que sa concentration revienne, mais en vain. Elle réussit à l'amener en consultation après plusieurs semaines de négociations avec lui. Elle le trouve agité, « nerveux ». Il passe ses journées en retrait dans sa chambre et, à plus d'une reprise depuis quelques semaines, elle l'a entendu parler tout seul. Au début, elle croyait qu'il marmonnait des paroles de chanson. Maintenant, elle semble plutôt penser qu'il dialogue avec un personnage imaginaire. Il y a une dizaine de jours, il est allé la trouver, paniqué : une voix lui dictait des ordres étranges, comme de placer les couvertures du lit de telle manière, d'éviter de faire du bruit en marchant. Ces ordres, il devait les exécuter, sans quoi il allait mourir. Lorsqu'elle a tenté de le rassurer en le prenant dans ses bras, il s'est éloigné brusquement, l'a repoussée et est parti se réfugier dans sa garde-robe en criant des mots inintelligibles. Il y est resté plusieurs heures, sans dire un mot et immobile.

? Que faire alors ?

Lorsqu'un adolescent présente des symptômes aussi sévères, les parents pressentent tous qu'une consultation en psychiatrie est inévitable, à plus ou moins longue échéance. Ces parents peuvent hésiter à l'amener consulter, espérant une guérison magique. Au fond d'eux-mêmes toutefois, ils sentent clairement la folie s'immiscer dans la tête de leur enfant. Des études récentes tendent à démontrer que plus la pharmacothérapie débute tôt, meilleures sont les chances pour le jeune de préserver certaines fonctions cognitives qui lui permettront éventuellement de vivre de manière plus autonome. Près du tiers des jeunes patients schizophrènes se remettent d'un premier épisode de psychose et reprennent une vie pratiquement normale si leurs parents les amènent très tôt en consultation. Il est encore plus important de le faire rapidement si cette maladie atteint d'autres membres de la famille ou si le jeune a déjà connu des symptômes psychotiques brefs (sensation qu'une voix l'interpellait, que ses idées lui échappaient, etc.).

La thérapie médicamenteuse est incontournable : les nouvelles générations d'antipsychotiques sont plus spécifiques. Ils sont plus efficaces pour contenir les symptômes comme le délire et l'hallucination et peuvent retarder l'apparition d'effets secondaires désagréables ou handicapants au niveau neurologique, dont les symptômes de tremblement parkinsonien. Les autres formes de thérapie (thérapie individuelle, de groupe, relaxation) sont difficiles à mettre en place en raison des symptômes mêmes de la maladie qui entraînent une baisse de volonté et souvent une grande méfiance à l'égard d'autrui.

Le taux de suicide chez les schizophrènes est élevé : entre 10 et 15 %. Les gestes suicidaires sont très difficiles à prévoir. Leur finalité demeure souvent mystérieuse. Est-ce un moyen d'en finir avec des voix qui tourmentent le patient ? En s'exécutant, celui-ci obéit-il aux ordres de ces voix menaçantes ? Est-il réellement conscient qu'il va se donner la mort ?

Les conduites suicidaires

À la suite de sa visite en psychiatrie, Thomas a paniqué. On lui a expliqué qu'il avait un début de schizophrénie et qu'une médication aiderait à soigner sa maladie. Il n'a rien dit, mais il a compris qu'il pouvait devenir très malade. Il sera hospitalisé le lendemain. De retour chez lui pour quelques heures, les voix sont revenues, plus fortes en a déduit sa mère, parce qu'il leur répondait d'une manière plus angoissée. Entrant dans sa chambre pour l'aider à se calmer, elle l'a trouvé cherchant à s'étouffer avec une couverture.

Pénélope, peu de temps après avoir commencé à prendre une médication pour soigner sa dépression, a été ignorée par un garçon auquel elle s'intéressait depuis longtemps. Un vendredi matin, le lendemain d'une danse où il lui avait appris qu'il s'intéressait à une autre fille, Pénélope est revenue dîner chez elle. Sachant sa mère absente jusqu'en soirée, elle a pris toutes les pilules qu'elle a pu trouver dans la pharmacie familiale, s'est étendue sur son lit et s'est endormie. Un ami de la famille passait par là, espérant saluer sa mère. N'eût été de cette visite impromptue, Pénélope serait morte. Il l'a trouvée dans le coma et c'est in extremis que l'équipe d'urgence a réussi à la réanimer.

Christophe prend des libertés avec sa médication : il aurait besoin que ses parents l'encadrent davantage. Il ne rencontre pas régulièrement sa thérapeute. Celle-ci en a parlé avec la travailleuse sociale qui a donné rendez-vous aux parents pour discuter des inquiétudes de l'équipe traitante quant à l'état de leur fils. Ils ont oublié le rendez-vous. Davantage laissé à lui-même, son humeur n'étant plus stabilisée par sa médication, Christophe connaît une autre flambée maniaque. Pour impressionner ses amis, il monte sur le toit de l'école entre deux cours et leur dit qu'il peut d'un bond rejoindre le toit d'un bâtiment connexe. Ceux-ci avisent la direction de l'école et parlementent avec lui pour le décourager de poser ce geste trop dangereux. Christophe rigole, se lance dans le vide et tombe sur du gazon. Chanceux, il s'en tire avec de nombreuses fractures ; il se rétablira.

Charles, 16 ans, a toujours été casse-cou, un vrai « thriller seeker », *disaient ses amis Plus jeune, il se blessait souvent, jouant dangereusement. Très impulsif, il était depuis longtemps une source de soucis constants pour ses parents. Le lendemain du jour où sa sœur quitte pour étudier à l'étranger, sa copine qu'il aime beaucoup rompt parce qu'elle le trouve trop imprévisible et compliqué. Trois heures plus tard, il se pend dans le sous-sol de la maison.*

Ce sont là quatre gestes suicidaires posés pour des motifs différents, en raison de maladies différentes : le vertige d'un début de schizophrénie pour Thomas, une dépression majeure pendant une crise familiale aiguë chez Pénélope, la perte de jugement et du sens de la réalité du comportement maniaque de Christophe et l'impulsivité suicidaire de Charles à la suite de la blessure narcissique probablement intolérable d'être laissé en plan par sa copine.

Trois garçons, une fille : sur le plan statistique, quatre fois plus de garçons se suicident. Ils utilisent des moyens plus radicaux (pendaison, arme à feu, saut en bas d'un pont) alors que les filles prennent une surdose de médicaments. Ces jeunes expriment ainsi une souffrance qui recouvre des situations de vie différentes. Mais ils partagent le sentiment d'être dans une impasse si grande que seule la mort semble pouvoir les soulager.

De tout temps, des jeunes ont ébauché des fantaisies suicidaires. On ne sait pas très bien ce qui pousse certains d'entre eux à commettre le geste fatal. Des facteurs de risque sont tout de même répertoriés à partir d'« autopsies psychologiques » de jeunes suicidés et à partir du récit de ceux qui ont survécu à des tentatives de suicide. Les principaux facteurs de risques sont les suivants :

- le fait d'être atteint d'une maladie psychiatrique est associé à 90 % des suicides complétés ;
- l'abus de drogues et d'alcool, la combinaison dépression et abus de substances constituant un facteur de risque très élevé ;
- une famille dysfonctionnelle ; des tentatives de suicide ou des suicides réussis par l'un ou l'autre des membres de la famille ;
- les traits de personnalité propres au tempérament du jeune, notamment l'impulsivité ;
- des difficultés dans l'orientation sexuelle ;

- la disponibilité d'une arme à feu;
- la majorité des suicides sont « réussis » à la première tentative, mais lorsque cette première tentative échoue, cela peut être le prélude à une récidive.

Que faire alors ?

Il est pratiquement impossible pour les parents et pour les thérapeutes d'anticiper avec certitude le geste suicidaire d'un adolescent. Il s'agit le plus souvent d'un passage à l'acte commis par impulsivité et sous l'effet d'une forte poussée d'agressivité autodestructrice, souvent accrue en raison de l'abus d'une substance. Être capable de reconnaître les facteurs de risque est éclairant. Il est aussi utile de connaître les facteurs de protection contre ces tentations suicidaires. Ce sont :

- le soutien de la famille et des amis;
- le courage d'en parler si vous soupçonnez que votre jeune y songe;
- un traitement psychologique ou psychiatrique adéquat.

Par ailleurs, une thérapie individuelle est généralement offerte à l'adolescent qui a commis un geste suicidaire. S'il l'accepte, il tentera de comprendre ce qui l'a poussé à ce geste. Si l'impulsivité n'est pas le problème dominant chez lui, cette aide thérapeutique pourrait lui être très bénéfique, voire salutaire.

En 1995, Pierre Gagné, coroner québécois, a réalisé une étude à partir de 355 cas d'adolescents suicidés. Il s'agit d'une étude d'autopsies psychologiques permettant d'analyser plusieurs aspects de la vie des jeunes avant leur suicide. Les conclusions révèlent que moins de 1 % de ces jeunes recevaient une médication psychothrope. L'autopsie physique a démontré quant à elle que dans l'une des structures du cerveau, le tronc cérébral, les pathologistes ont identifié chez la majorité des autopsiés un taux très bas de sérotonine et de son métabolite. Les molécules constituantes de plusieurs antidépresseurs visent justement à rehausser le taux de sérotonine, ce neurotransmetteur qui joue un rôle important dans la modulation de l'humeur.

L'adolescent souffrant d'un déficit de l'attention

Depuis les vingt dernières années, des milliers d'articles ont été publiés sur le trouble déficitaire de l'attention avec ou sans hyperactivité (TDA/H). Un nombre grandissant d'enfants et plus récemment d'adolescents et d'adultes portent le diagnostic TDA/H. De six à neuf garçons pour une fille en sont atteints.

À ce jour, on ne connaît pas exactement les causes de ce trouble. En revanche, on sait qu'il ne dépend pas de la volonté du jeune de se montrer calme et attentif. Les recherches soulèvent bien certaines hypothèses comme l'hérédité et une atteinte subie au cerveau. Mais chose certaine, les facteurs sociaux ou les tensions environnementales ne peuvent être identifiés comme une cause unique du TDA/H. Ils peuvent toutefois précipiter, aggraver et maintenir cette problématique.

Depuis quelque années, le TDA/H fait la manchette en raison de la hausse très importante de prescriptions de psychostimulants (comme le Ritalin) partout en Amérique du Nord. Cette tendance soulève des questions de fond, en ce qui concerne notamment la fiabilité des critères diagnostiques et celle de ceux qui les recueillent. Sommes-nous portés à avancer plus rapidement qu'avant un diagnostic de TDA/H chez un enfant ou un adolescent parce que l'agitation et l'impulsivité de son comportement sont dérangeants ? Son inattention en classe est-elle moins tolérée ? À partir du moment où l'on sait qu'une pilule pare dorénavant à ces symptômes qui perturbent le fonctionnement scolaire, familial ou social, sommes-nous davantage portés à souhaiter que le jeune la prenne? Ces questions méritent une réflexion et une investigation approfondies du phénomène.

Critères diagnostiques du TDA/H

Le jeune qui, avant l'adolescence, n'a pas reçu un diagnostic de TDA/H ne présente probablement pas la composante hyperactivité de ce syndrome. L'enfant hyperactif dérange beaucoup les adultes et les pairs qui se trouvent dans son environnement. Il est donc rare qu'un professeur, qu'un entraîneur sportif ou qu'un animateur de camp d'été ne signale pas aux parents l'agitation manifeste de leur enfant.

Nous retiendrons ici les critères diagnostiques du TDA sans hyperactivité. Six symptômes sur neuf doivent être présents, pendant au moins six mois. L'évaluation de ce problème a ceci de particulier qu'elle doit reposer sur les observations faites dans au moins deux environnements différents (à la maison et à l'école, dans les activités de loisirs et à la maison, etc.).

Ainsi, il arrive souvent que l'adolescent:

- ne parvient pas à prêter attention aux détails ou fait des fautes d'étourderie dans ses devoirs scolaires ou dans d'autres activités;
- a du mal à soutenir son attention à l'école ou dans les jeux;
- ne semble pas écouter quand on lui parle;
- ne se conforme pas aux consignes et ne parvient pas à mener à terme ses devoirs et ses tâches domestiques;
- évite, déteste ou fait à contrecœur les tâches qui nécessitent un effort mental soutenu;

- a du mal à organiser ses travaux ou ses activités;
- perd souvent les objets nécessaires à ses travaux scolaires ou à ses activités (par exemple, cahiers de devoirs, crayons, etc.);
- se laisse facilement distraire par des stimuli externes;
- a des oublis dans la vie quotidienne.

Simon, 14 ans, est en secondaire 2. Depuis le début de sa scolarité au secondaire, il a des difficultés de rendement plus importantes qu'au primaire. Il n'a jamais eu à reprendre une année, mais il réussit tout juste. Pourtant, ses parents et ses professeurs s'entendent pour dire qu'il est intelligent. Il est cependant souvent distrait, semble être dans la lune en classe et montre peu de persévérance dans ses travaux scolaires. Depuis quelques années, son environnement familial connaît de nombreuses tensions relationnelles. Les intervenants scolaires ont eu tendance à attribuer à cette vie familiale difficile ses problèmes d'intérêt et d'attention en classe. Étant une personne attachante et sympathique, Simon a toujours suscité chez les professeurs le goût de lui venir en aide. Ses problèmes de rendement s'accentuant depuis quelques mois, le professeur de mathématiques a suggéré que la psychologue scolaire procède à une évaluation de ses capacités cognitives. Cette dernière a sollicité la collaboration des professeurs et des parents de Simon pour compléter son évaluation. Elle conclut à un profil de déficit d'attention et recommande une évaluation par son pédiatre ou son médecin de famille afin de préciser la meilleure intervention à privilégier.

? Que faire alors ?

Dans le cas de Simon, les intervenants de l'école ont bien réagi : ils ont signalé ses difficultés de rendement et demandé une évaluation par la psychologue scolaire. Le premier niveau d'évaluation permettant de conclure à un profil de déficit de l'attention, la recommandation de voir son médecin de famille ou son pédiatre est tout à fait indiquée. Puisqu'il est établi maintenant que les enfants et les adolescents présentant un TDA/H voient leur condition améliorée par une médication de psychostimulants, et comme le médecin est le seul professionnel autorisé à prescrire des médicaments, il lui revient de décider d'introduire ou non cette médication pour traiter le TDA/H.

Généralement, un essai médicamenteux est entrepris avec l'accord de l'adolescent et de ses parents. Comme cette médication agit plutôt rapidement, les professionnels et les parents peuvent savoir, après un certain temps d'utilisation, si elle convient ou non à cet adolescent. Il faut dire que, dans la plupart des cas, la médication ne parvient pas à elle seule à régler complètement les problèmes de comportement qui y sont souvent associés : opposition, agressivité, problèmes relationnels parents-enfants, baisse de l'estime de soi à cause des mauvaises notes, troubles d'apprentissage, etc. (Simon ne manifestait pas de problèmes de comportement). Une approche combinant plusieurs modes d'intervention est optimale : qu'il s'agisse d'orthopédagogie, de psychothérapie, d'aide aux habiletés sociales, de soutien parental ou de thérapie familiale au besoin.

L'adolescente anorexique

Pour les adolescentes d'aujourd'hui, le désir d'être mince constitue une préoccupation de première importance : 50 % des filles de 14 ans et 70 % des filles de 17 ans se trouvent trop grosses. Environ 8 % d'entre elles deviennent anorexiques.

L'anorexie est un trouble de l'alimentation qui conduit à un amaigrissement grave et à un retard de croissance. Ce trouble est caractérisé par la peur intense de prendre du poids. Cette peur devient peu à peu le centre des préoccupations des jeunes filles anorexiques. Elles sont obsédées par la crainte de devenir obèses et elles adoptent une série de comportements pour éviter cette perspective, comme des restrictions alimentaires et des pesées fréquentes. Elles peuvent aussi se faire vomir après avoir mangé, utiliser des laxatifs, faire un entraînement physique excessif, ressentir le besoin de faire la cuisine pour les autres, de les pousser à manger, etc.

Certaines, après une restriction alimentaire plus sévère, ont des fringales pendant lesquelles elles absorbent de grandes quantités de nourriture en peu de temps. Puis, prises d'un excès de culpabilité, elles cherchent à éviter une prise de poids par des comportements tout aussi excessifs comme de se faire vomir. Cette tendance se nomme boulimie. Constituant un volet de la maladie chez certaines anorexiques, la boulimie se manifeste par vagues au cours de la maladie. Elle peut aussi survenir sans anorexie associée.

Les causes

Les recherches cliniques ont mis en évidence un modèle multifactoriel qui explique l'anorexie. Il comporte divers facteurs psychologiques, socioculturels et familiaux. L'hypothèse biologique n'est pas encore assez documentée pour qu'on puisse en tirer des conclusions déterminantes.

Les facteurs psychologiques sont multiples et un long travail psychothérapeutique est souvent nécessaire pour les mettre à jour. Ils renvoient surtout à des sentiments d'incompétence, de dépendance et d'inefficacité, l'adolescente se sentant incapable d'affirmer ses besoins par crainte de décevoir ses proches. Son estime d'elle-même est faible ; petit à petit, la courbe décroissante de son poids s'associe symboliquement et pathologiquement à la courbe ascendante de l'estime de soi. Autrement dit, plus elle est mince, plus elle s'apprécie. On remarque aussi chez les jeunes filles anorexiques une distorsion de l'image du corps qui les fait se voir toujours plus grosses qu'elles ne sont. Il s'ensuit une haine de leur corps et un rejet du corps sexué.

Des facteurs familiaux sont aussi invoqués pour tenter d'expliquer l'origine du comportement anorexique. Cette maladie est souffrante et très préoccupante pour les parents de celles qui en sont atteintes. Il n'y a toutefois pas consensus actuellement sur la nature des facteurs en cause : surprotection parentale ? limites interrelationnelles peu claires ? attitudes décourageant la quête d'autonomie ? D'autant plus que des adolescentes présentant des cas sévères d'anorexie viennent de familles saines, au fonctionnement non pathologique.

Quant aux facteurs socioculturels, nous les avons abordé précédemment dans le deuxième chapitre lorsque nous avons traité de l'impact des critères actuels de minceur en tant que critères de beauté chez la femme occidentale. On exige aussi des jeunes femmes qu'elles soient très performantes, à la fois conjointe, mère et travailleuse. Les exigences de rendement conviennent bien aux personnalités anorexiques qui se croient toujours obligées de réaliser des performances pour s'estimer et avoir la considération des autres.

Les symptômes

Les symptômes de l'anorexie mentale sont :

- le refus de maintenir un poids corporel équivalent ou supérieur au poids minimum normal selon l'âge et la taille (moins de 85 % du poids normal) ;
- la peur intense de prendre du poids ou de devenir obèse ;
- le trouble de la perception du poids ou de la silhouette qui se traduit notamment par la négation de la sévérité de la perte de poids ;

- l'absence de règles pour au moins trois cycles menstruels consécutifs.

Les conséquences

Les jeunes filles anorexiques s'exposent à des conséquences physiques graves en se privant exagérément de manger. Les plus inquiétantes et les plus lourdes de conséquences sur le métabolisme dans son ensemble sont les suivantes : l'arrêt des menstruations, les variations hormonales, le retard de croissance, l'anémie, la baisse de tension artérielle et du rythme cardiaque. Les complications cardio-vasculaires sévères sont fréquentes et elles peuvent entraîner la mort. Certaines développent aussi un état dépressif avec risque suicidaire ou des symptômes anxieux*.

Une hospitalisation est indiquée lorsque certaines conditions sont réunies : poids de 25 % inférieur à la norme, complications médicales graves. On peut alors surveiller l'état de santé physique de l'adolescente et la réalimenter afin qu'elle regagne progressivement du poids et que les symptômes médicaux graves disparaissent. Une psychothérapie intensive sera éventuellement suggérée et pourra être poursuivie sur une base externe après le congé d'hospitalisation.

Tel que recommandé par son pédiatre, Monica, 16 ans, consulte pour une psychothérapie. Elle a été hospitalisée durant deux mois à la clinique des troubles alimentaires et elle a reçu son congé il y a quelques jours. Elle est fâchée contre son pédiatre qui, selon ses dires, « fait une obsession de son poids (à elle) ». Elle veut bien rencontrer une psychologue, mais veut s'assurer qu'il ne sera pas question de son poids. De toute façon, « grâce » à son pédiatre, elle n'a plus de *problème de poids. Après plus d'un an de rencontres thérapeutiques*

---

*Ratté, C., G. Pomerleau. « Trouble des conduites alimentaires », dans *Démystifier les maladies mentales. Op.cit.* p. 414-417.

sur une base relativement régulière, Monica évoque pour la première fois son anorexie. Elle est mince et elle a atteint la limite inférieure de son poids santé. Elle ne sait trop ce qu'en pensent ses parents qui surveillent eux-mêmes minutieusement leur alimentation. De plus, elle est amoureuse pour la première fois, soutient-elle. Elle s'est aussi trouvé un emploi d'été très exigeant physiquement et s'est remise à manger sans trop s'en apercevoir.

L'attitude de Monica en thérapie est typique des anorexiques : elle va assez bien pour avoir un congé d'hospitalisation mais elle éprouve encore quelques difficultés d'ordre psychologique qui relèvent de l'expertise d'un psychothérapeute. Il est rare que les anorexiques acceptent de parler de poids et d'alimentation. Elles utilisent plutôt l'espace thérapeutique mis à leur disposition pour investiguer d'autres sphères de leur personnalité qui ont assurément un lien avec leur trouble alimentaire. Le thérapeute ne sait pas toujours quel impact aura le suivi, mais lorsque l'adolescente s'y engage, elle fait un travail de longue haleine qui contribue souvent à traiter plus en profondeur et quasiment malgré elle son problème anorexique. Le pédiatre demeure généralement engagé dans le suivi médical, ce qui permet au thérapeute de partager la responsabilité de la surveillance de l'état physique de la patiente.

? Que faire alors ?

Si votre fille multiplie les restrictions alimentaires, s'impose des régimes de plus en plus sévères tout en éprouvant un besoin excessif de dépense physique, vous devez l'amener consulter son pédiatre ou votre médecin de famille, même contre son gré. Habituellement, une attitude parentale bienveillante ne suffit pas à rétablir le comportement de l'adolescente. Si vous entreprenez de surveiller tout ce qu'elle mange et exigez qu'elle prenne ses repas en famille ou à tout le moins devant vous, vous ne contribuerez probablement pas à améliorer la situation. Vous risquez de vivre des confrontations douloureuses et le plus souvent stériles.

Vous pouvez certes lui faire part de vos inquiétudes quant à son comportement alimentaire, mais elle niera probablement tout problème. Invitez-la tout de même à y réfléchir et, si son comportement ne change pas, accompagnez-la chez son pédiatre. Il procédera vraisemblablement à plusieurs tests : pesées, formules sanguines pour l'anémie, bilan hormonal, etc. À partir des résultats de ces tests, le médecin jugera des suites à donner : un suivi sur une base externe avec lui, une référence en psychologie, en diététique, une consultation en pédopsychiatrie ou une hospitalisation. L'anorexie est une maladie grave, potentiellement mortelle. Par ailleurs, n'hésitez pas à demander un soutien professionnel pour vous aussi.

Dans les pages qui précèdent, nous avons présenté quelques-unes des maladies psychiatriques les plus courantes à l'adolescence. Le but n'était pas de les présenter toutes, l'éventail étant beaucoup trop grand. Des troubles ou désordres mentaux n'ont donc pas été abordés, tels les troubles de la conduite, de la personnalité, les désordres post-traumatiques, etc. Ces problématiques peuvent nécessiter également une consultation auprès de spécialistes. Si votre adolescent présente des pensées, un comportement ou une humeur variable qui vous surprend ou vous inquiète, n'hésitez jamais à contacter votre médecin de famille. Il saura vous guider, au besoin, vers le professionnel le plus apte à aider votre adolescent.

Conclusion

L'étude de l'adolescence en tant qu'étape de développement est un phénomène relativement nouveau dans l'histoire de la psychologie. Depuis les années 1950, des recherches cliniques et épidémiologiques ont ouvert la voie à une nouvelle compréhension de ce que vit l'être humain au cours de cette période de vie. S'inspirant de ces recherches et de l'expérience clinique, les quatre premiers chapitres de cet ouvrage ont décrit la série de changements fondamentaux que les adolescents ont à vivre dans leur corps, leur tête et leurs relations. Le cinquième chapitre a cherché à traduire comment l'identité, en tant que résultante et aboutissement de l'ensemble de ces changements, se définit et se peaufine tout au long de ce cheminement.

En raison de ces bouleversements psychologiques, psychiques et relationnels liés à l'entrée dans l'adolescence, des jeunes éprouvent plus de difficultés que d'autres à terminer ce parcours. Certains sont momentanément ralentis par l'émergence d'une maladie psychiatrique pour laquelle il existe heureusement des traitements de plus en plus nombreux et efficaces. Le dernier chapitre présente quelques-unes des psychopathologies les plus fréquentes à l'adolescence. Il fournit des points de repère pour permettre aux parents de les reconnaître et d'y réagir de façon adéquate.

On rapporte souvent que les adolescents d'aujourd'hui ont une vie plus facile et plus confortable que ceux d'antan. Ils doivent cependant faire face à de nouveaux phénomènes psychosociaux, alarmants pourtant à d'autres égards. On pense à l'appauvrissement des ressources naturelles de la planète, au taux effarant de pollution en rapport avec l'émergence de nouvelles maladies chez l'homme et l'animal. Et bien entendu, on pense aussi au SIDA qui, en associant sexualité, maladie et mort, jette une ombre nouvelle sur la pulsion de vie et assombrit inévitablement l'horizon relationnel et intime des jeunes. Mais chaque époque de l'humanité comporte son lot d'horreurs, de dépassement et d'espoir. Il appartiendra au génie de nos adolescents, ces adultes de demain, de relever les défis propres à leur génération et d'élaborer les meilleures solutions.

À toutes les époques, être parent d'adolescent comporte aussi des défis certains. En raison de la nécessité nouvelle pour tous les enfants de gagner en autonomie et en affirmation de soi à l'adolescence, leurs comportements perturbent souvent la tranquillité et la sérénité de la vie familiale à laquelle vous aspirez. Il vous faut alors redoubler de patience et d'ingéniosité, assouplir et maintenir des mesures d'encadrement nécessaires et adéquates, les écouter, les inviter à se livrer, chercher à les comprendre, etc.

Certains adolescents bousculent davantage votre quotidien que d'autres parce qu'ils rencontrent des écueils développementaux plus exigeants et plus éprouvants, comme la maladie mentale. Les progrès considérables des sciences de la psychologie et de la médecine autorisent de grands espoirs de soulagement, sinon de guérison, des maladies mentales qui sévissent à l'adolescence. Le recours à ce corpus de connaissances constitue un soutien indiscutable pour ces adolescents et leurs parents. Mais tous les experts qui vous conseillent, vous soutiennent et vous orientent vous le diront aussi : ce dont les jeunes ont besoin d'abord et avant tout, c'est de la *présence* aimante et sécurisante de leurs *premiers objets d'amour*, leurs parents. Et ainsi « ils se sentiront aimables puisqu'on les aura aimés, et ils auront appris l'espoir* ».

*CYRULNIK, Boris. *Le murmure des fantômes*. Paris : Odile Jacob, 2003. p. 53.

Bibliographie

Acker, V. *Ados comment les motiver : la méthode Gordon appliquée à la motivation scolaire.* Alleur : Marabout, 2000. 279 p. (Enfants-éducation)

Béliveau, M.-C. *Au retour de l'école... la place des parents dans l'apprentissage scolaire.* Montréal : Éditions de l'Hôpital Sainte-Justine, 2000. 169 p. (Collection de l'Hôpital Sainte-Justine pour les parents)

Béliveau, M.-C. *J'ai mal à l'école : troubles affectifs et difficultés scolaires.* Montréal : Éditions de l'Hôpital Sainte-Justine, 2002. 160 p. (Collection de l'Hôpital Sainte-Justine pour les parents)

Claes, M. *L'expérience adolescente.* Bruxelles : Pierre Mardaga, éditeur, 1983. 208 p.

Clerk, G. « Object relations and attachment. Implications on the transference in the treatment of adolescents », dans *Contemporary Psychoanalysis*, 1977, 13(4):469-483.

Clerk, G. « Cinquante ans (1945-1995) de pratique psychanalytique avec des enfants : réflexions et questionnements », dans *Filigrane*, 2000, 9(2):6-19.

Colin-Simard, V. *Pères d'aujourd'hui, filles de demain.* Paris : Éditions Anne Carrière, 2003. 271 p.

Cyrulnik, B. *Le murmure des fantômes.* Paris : Odile Jacob, 2003. 259 p.

Delagrave, M. *Les ados : mode d'emploi.* Beauport, Québec: MNH, 1999. 108 p.

De Plaën, S. Marquer le corps pour mieux le nommer : la pratique du tatouage dans les cultures humaines, dans *Prisme*, 2002, (37):10-23.

DUMESNIL, F. *Parent responsable, enfant équilibré*. Québec: Éditions de l'Homme, 1998, 379 p.

FENWICK, E., R. Walker. *Sex'Ado*. Paris : Hachette, 1994, 96 p.

FILION, L., R. CLOUTIER, et H. TIMMERMANS. *Les parents se séparent... pour mieux vivre la crise et aider son enfant*. Montréal : Éditions de l'Hôpital Sainte-Justine, 2001. 164 p. (Collection de l'Hôpital Sainte-Justine pour les parents)

GAGNÉ, P. « Le suicide chez les moins de 20 ans », dans *Prisme*, 1995, 5(4):375-381.

GAGNON, A. et coll. *Démystifier les maladies mentales : Les troubles de l'enfance et de l'adolescence*. Boucherville : Gaëtan Morin, 2001. 427 p.

GAREL, P. « L'automutilation : fracture de l'identité », dans *Prisme*, 2002, (37):24-31.

GAUDET, É. *Drogues et adolescence : réponses aux questions des parents*. Montréal : Éditions de l'Hôpital Sainte-Justine, 2002. 121 p. (Collection de l'Hôpital Sainte-Justine pour les parents)

GINGRAS, G. « Le décrochage scolaire : en reconnaître les signes pour mieux les contrer », dans *Prisme*, 1997, 7(3-4):588-601.

LAPLANCHE, J., J.-B. PONTALIS. *Vocabulaire de la psychanalyse.* Paris : P.U.F., 1967. 523 p.

MICHAUD. P.A., P. ALVIN. *La santé des adolescents. Approches, soins, prévention*. Montréal : Presses de l'Université de Montréal, 1997. 636 p.

PIAGET, J. *Six études de psychologie*. Genève : Éditions Gonthier, 1964. 188 p.

PRUITT, D.B. *Your adolescent*. New York: Harper Collins Publishers, 1999. 374 p.

ROBERT, J. *Full sexuel: la vie amoureuse des adolescents*. Montréal : Éditions de l'Homme, 2002. 183 p.

Rowling, J.K. *Harry Potter, et la coupe de feu*. Paris : Éditions Gallimard, 2001. 655 p.

Smadja, I. *Harry Potter, les raisons d'un succès*. Paris : P.U.F., 2001. 134 p.

Ressources

Sites Internet

Faire face à la séparation, au divorce, à la garde
Jeunesse, J'écoute
http://jeunesse.sympatico.ca/fr/resources/sub_divorce.asp

Je n'ai plus d'autorité sur mon adolescent, que faire ?
Service Vie Santé
www.servicevie.com/02Sante/Sante_jeunes/Jeunes28042003/jeunes28042003.html

La relation parents-adolescents : comment les parents peuvent-ils en tirer le meilleur parti?
Conseil national d'information sur la violence dans la famille
www.hc-sc.gc.ca/hppb/violencefamiliale/html/relparentado-ado2_f.html

La santé des ados
Société canadienne de pédiatrie
www.soinsdenosenfants.cps.ca/adolescents/index.htm

Ma sexualité.ca – Section pour les adolescents
Société des obstétriciens et gynécologues du Canada
http://masexualite.ca/fre/teens/

La schizophrénie
Fondation des maladies mentales
www.fmm-mif.ca/fr/maladies/liste/schizophrenie

Livres pour parents

ACKER, Vincent. *Ados comment les motiver: la méthode Gordon appliquée à la motivation scolaire*. Alleur: Marabout, 2000. 279 p. (Enfants-éducation)

BRACONNIER, Alain. *Le guide de l'adolescent de 10 à 25 ans*. Paris: Odile Jacob, 2001. 582 p.

BRACONNIER, Alain et MARCELLI, Daniel. *L'adolescence aux mille visages*. Paris: Odile Jacob, 1998. 265 p.

CLERGET, Stéphane. *Adolescents, la crise nécessaire*. Paris: Fayard, 2000. 339 p.

CLOUTIER, Richard. *Mieux vivre avec nos adolescents*. Montréal: Le Jour, 1994. 170 p.

COSTA-PRADES, Bernadette. *Devenir parent d'adolescent: sans parcours du combattant*. Toulouse: Milan, 1999. 126 p. (Les essentiels Milan. Du côté des parents)

DELAGRAVE, Michel. *Les ados: mode d'emploi*. Beauport, Québec: MNH, 1999. 108 p.

DELAROCHE, Patrick. *Adolescents à problèmes*. Paris: Albin Michel. 2000. 226 p. (Questions de parents)

DUCLOS, Germain, LAPORTE, Danielle et ROSS, Jacques. *L'estime de soi des adolescents*. Montréal: Éditions de l'Hôpital Sainte-Justine, 2002. 96 p. (Collection de l'Hôpital Sainte-Justine pour les parents)

DUCLOS, Germain, LAPORTE, Danielle et ROSS, Jacques. *Besoins, défis et aspirations des adolescents: vivre en harmonie avec les jeunes de 12 à 20 ans*. Saint-Lambert: Héritage, 1995. 412 p.

FRELUT, Marie-Laure. *Obésité de l'enfant et de l'adolescent*. Paris: Odile Jacob, 2003. 220 p.

GAGNON, André. *Les troubles de l'enfance et de l'adolescence*. Boucherville : Gaëtan Morin, 2001. 427 p. (Démystifier les maladies mentales)

GAUDET, Étienne. *Drogues et adolescence : réponses aux questions des parents*. Montréal : Éditions de l'Hôpital Sainte-Justine, 2002. 121 p. (Collection de l'Hôpital Sainte-Justine pour les parents)

HACHET, Pascal. *Ces ados qui jouent les kamikazes*. Paris : Fleurus, 2001. 188 p. (Le métier de parents)

JEAMMET, Philippe. *Réponses à 100 questions sur l'adolescence*. Paris : Solar, 2002. 272 p.

MARCELLI, Daniel. *Tracas d'ados, soucis de parents*. Paris : Albin Michel, 2002. 314 p. (Questions de parents)

PAUZÉ, Robert. *L'anorexie chez les adolescentes*. Ramonville Saint-Agne (France) : Érès, 139 p. (Relations)

ROBERT, Jocelyne. *Full sexuel : la vie amoureuse des adolescents*. Montréal : Éditions de l'homme, 2002. 183 p.

SCHILTE, Christine et RUFO, Marcel. *Comprendre l'ado : des réponses concrètes pour les parents d'aujourd'hui*. Paris : Hachette, 2000. 416 p.

TROTTIER, Germain et BÉLANGER, Jo A. *Les peines d'amour chez les jeunes*. Beauport, Québec : MNH, 2000. 181 p.

WILLIAMS, Kate. *Dépression et suicide chez les jeunes : guide pour les parents*. Montréal : Sciences et culture, 1996. 258 p.

Livres pour adolescents

BELOUZE, Marie et COCAUL, Arnaud. *Kilos ados*. Alleur : Marabout, 2002. 126 p. (L'adolescence en questions)

JAMIOLKOWSKI, Raymond M. *Comment survivre dans une famille dysfonctionnelle*. Outremont : Logiques, 2001. 221 p. (Ados)

KAPLAN, Leslie Schenkman. *Survivre à l'influence des autres*. Outremont: Logiques, 2002. 298 p. (Ados)

MILLER, Deborah. *Vivre avec un père gai ou une mère lesbienne*. Outremont: Logiques, 2002. 197 p. (Ados)

MOE, Barbara. *Anorexie et boulimie, surmonter un problème alimentaire*. Outremont: Logiques, 2002. 199 p. (Ados)

SOLANO, Catherine. *Sexo ados*. Alleur: Marabout, 2002. 159 p. (L'adolescence en questions)

WAGONSELLER, Bill R. *Vivre dans une famille monoparentale*. Outremont: Logiques, 2001. 179 p. (Ados)

La collection « Oxygène » 11 ans +
« La collection qui répond aux premières grandes questions des ados ». Paris: De la Martinière jeunesse. Plus de 50 titres répartis sous les thèmes suivants : Moi, Amour et amitié, Famille, Études, Société.
Voici quelques titres: *Non au racket; Je suis trop timide; Vous vous sentez seul ?; Je ne sais pas qui je suis...; Pas si facile d'aimer...; Une nouvelle famille, c'est pas facile !; Les miens aussi ils divorcent!; J'en ai assez de mon physique; Touche pas à mon corps; Ados blues*, etc.

La collection « Hydrogène » 13 ans +
« Une collection pour mieux se connaître. Des conseils, des points de vue, des infos multiples... ». Paris : De la Martinière jeunesse. Plus de 20 titres dont: *L'homosexualité à l'adolescence; L'alcool, un drôle d'ami; La première fois; Se droguer, c'est risquer; Les jeunes filles et leurs sentiments; L'ado en famille; Bien dans sa tête, bien dans son corps; L'anorexie, sortir du tunnel*, etc.

L'allaitement maternel

Comité pour la promotion de l'allaitement maternel de l'Hôpital Sainte-Justine

Le lait maternel est le meilleur aliment pour le bébé. Tous les conseils pratiques pour faire de l'allaitement une expérience réussie !

ISBN 2-922770-57-5 2002/104 p.

Apprivoiser l'hyperactivité et le déficit de l'attention

Colette Sauvé

Une gamme de moyens d'action dynamiques pour aider l'enfant hyperactif à s'épanouir dans sa famille et à l'école.

ISBN 2-921858-86-X 2000/96 p.

Au-delà de la déficience physique ou intellectuelle
Un enfant à découvrir

Francine Ferland

Comment ne pas laisser la déficience prendre toute la place dans la vie familiale ? Comment favoriser le développement de cet enfant et découvrir le plaisir avec lui ?

ISBN 2-922770-09-5 2001/232 p.

Au fil des jours... après l'accouchement

L'équipe de périnatalité de l'Hôpital Sainte-Justine

Un guide précieux pour répondre aux questions pratiques de la nouvelle accouchée et de sa famille durant les premiers mois suivant l'arrivée de bébé.

ISBN 2-922770-18-4 2001/96 p.

Au retour de l'école...
La place des parents dans l'apprentissage scolaire

Marie-Claude Béliveau

Une panoplie de moyens pour aider l'enfant à développer des stratégies d'apprentissage efficaces et à entretenir sa motivation.

ISBN 2-921858-94-0 2000/176 p.

Le diabète chez l'enfant et l'adolescent

Louis Geoffroy, Monique Gonthier et les autres membres de l'équipe de la Clinique du diabète de l'Hôpital Sainte-Justine

Un ouvrage qui fait la somme des connaissances sur le diabète de type 1, autant du point de vue du traitement médical que du point de vue psychosocial.

ISBN 2-922770-47-8 2003/368 p.

Drogues et adolescence
Réponses aux questions des parents

Étienne Gaudet

Sous forme de questions-réponses, connaître les différentes drogues et les indices de consommation, et avoir des pistes pour intervenir.

ISBN 2-922770-45-1 2002/128 p.

En forme après bébé
Exercices et conseils

Chantale Dumoulin

Des exercices et des conseils judicieux pour aider la nouvelle maman à renforcer ses muscles et à retrouver une bonne posture.

ISBN 2-921858-79-7 2000/128 p.

En forme en attendant bébé
Exercices et conseils

Chantale Dumoulin

Des exercices et des conseils pratiques pour garder votre forme pendant la grossesse et pour vous préparer à la période postnatale.

ISBN 2-921858-97-5 2001/112 p.

L'enfant adopté dans le monde
(en quinze chapitres et demi)

Jean-François Chicoine, Patricia Germain et Johanne Lemieux

Un ouvrage complet traitant des multiples aspects de ce vaste sujet: l'abandon, le processus d'adoption, les particularités ethniques, le bilan de santé, les troubles de développement, l'adaptation, l'identité…

ISBN 2-922770-56-7 2003/480 p.

L'enfant malade
Répercussions et espoirs
Johanne Boivin, Sylvain Palardy et Geneviève Tellier

Des témoignages et des pistes de réflexion pour mettre du baume sur cette cicatrice intérieure laissée en nous par la maladie de l'enfant.

ISBN 2-921858-96-7 2000/96 p.

L'estime de soi des adolescents
Germain Duclos, Danielle Laporte et Jacques Ross

Comment faire vivre un sentiment de confiance à son adolescent? Comment l'aider à se connaître? Comment le guider dans la découverte de stratégies menant au succès?

ISBN 2-922770-42-7 2002/96 p.

L'estime de soi des 6 - 12 ans
Danielle Laporte et Lise Sévigny

Une démarche simple pour apprendre à connaître son enfant et reconnaître ses forces et ses qualités, l'aider à s'intégrer et lui faire vivre des succès.

ISBN 2-922770-44-3 2002/112 p.

L'estime de soi, un passeport pour la vie
Germain Duclos

Pour développer des attitudes éducatives positives qui aideront l'enfant à acquérir une meilleure connaissance de sa valeur personnelle.

ISBN 2-921858-81-9 2000/128 p.

Et si on jouait?
Le jeu chez l'enfant de la naissance à six ans
Francine Ferland

Les différents aspects du jeu présentés aux parents et aux intervenants: information détaillée, nombreuses suggestions de matériel et d'activités.

ISBN 2-922770-36-2 2002/184 p.

Être parent, une affaire de cœur I

Danielle Laporte

Des textes pleins de sensibilité, qui invitent chaque parent à découvrir son enfant et à le soutenir dans son développement.

ISBN 2-921858-74-6 1999/144 p.

Être parent, une affaire de cœur II

Danielle Laporte

Une série de portraits saisissants : l'enfant timide, agressif, solitaire, fugueur, déprimé, etc.

ISBN 2-922770-05-2 2000/136 p.

Famille, qu'apportes-tu à l'enfant ?

Michel Lemay

Une réflexion approfondie sur les fonctions de chaque protagoniste de la famille, père, mère, enfant... et les différentes situations familiales.

ISBN 2-922770-11-7 2001/216 p.

La famille recomposée
Une famille composée sur un air différent

Marie-Christine Saint-Jacques et Claudine Parent

Comment vivre ce grand défi ? Le point de vue des adultes (parents, beaux-parents, conjoints) et des enfants impliqués dans cette nouvelle union.

ISBN 2-922770-33-8 2002/144 p.

Favoriser l'estime de soi des 0 - 6 ans

Danielle Laporte

Comment amener le tout-petit à se sentir en sécurité ? Comment l'aider à développer son identité ? Comment le guider pour qu'il connaisse des réussites ?

ISBN 2-922770-43-5 2002/112 p.

Grands-parents aujourd'hui
Plaisirs et pièges

Francine Ferland

Les caractéristiques des grands-parents du 21e siècle, leur influence, les pièges qui les guettent, les moyens de les éviter, mais surtout les occasions de plaisirs qu'ils peuvent multiplier avec leur petit-enfants.

ISBN 2-922770-60-5 2003/152 p.

Guider mon enfant dans sa vie scolaire

Germain Duclos

Des réponses aux questions les plus importantes et les plus fréquentes que les parents posent à propos de la vie scolaire de leur enfant.

ISBN 2-922770-21-4 2001/248 p.

J'ai mal à l'école
Troubles affectifs et difficultés scolaires

Marie-Claude Béliveau

Cet ouvrage illustre des problématiques scolaires liées à l'affectivité de l'enfant. Il propose aux parents des pistes pour aider leur enfant à mieux vivre l'école.

ISBN 2-922770-46-X 2002/168 p.

Le nouveau Guide Info-Parents

Michèle Gagnon, Louise Jolin et Louis-Luc Lecompte

Voici, en un seul volume, une nouvelle édition revue et augmentée des trois Guides Info-Parents : 250 sujets annotés.

ISBN 2-922770-70-2 2003/400 p.

Parents d'ados
De la tolérance néssaire à la nécessité d'intervenir

Céline Boivert

Pour aider les parents à départager le comportement normal du pathologique et les orienter vers les meilleures stratégies.

ISBN 2-922770-69-9 2003/216 p.

Les parents se séparent...
Pour mieux vivre la crise et aider son enfant

Richard Cloutier, Lorraine Filion et Harry Timmermans

Pour aider les parents en voie de rupture ou déjà séparés à garder espoir et mettre le cap sur la recherche de solutions.

ISBN 2-922770-12-5 2001/164 p.

La scoliose
Se préparer à la chirurgie

Julie Joncas et collaborateurs

Dans un style simple et clair, voici réunis tous les renseignements utiles sur la scoliose et les différentes étapes de la chirurgie correctrice.

ISBN 2-921858-85-1 2000/96 p.

Les troubles anxieux expliqués aux parents

Chantal Baron

Quelles sont les causes de ces maladies et que faire pour aider ceux qui en souffrent ? Comment les déceler et réagir le plus tôt possible ?

ISBN 2-922770-25-7 2001/88 p.

Les troubles d'apprentissage : comprendre et intervenir

Denise Destrempes-Marquez et Louise Lafleur

Un guide qui fournira aux parents des moyens concrets et réalistes pour mieux jouer leur rôle auprès de l'enfant ayant des difficultés d'apprentissage.

ISBN 2-921858-66-5 1999/128 p.

AGMV Marquis
MEMBRE DE SCABRINI MEDIA
Québec, Canada
2003